VENTURA RAMOS, MARCIAL SOLÍS, MARCO CARÍAS, ARTURO GÓMEZ Y ANTONIO FRASSINETTI

CINCO ENSAYOS DE DESARROLLO ECONÓMICO, TIERRA E INTEGRACIÓN

ERANDIQUE
DEBATES

CINCO ENSAYOS DE DESARROLLO ECONÓMICO, TIERRA E INTEGRACIÓN
VENTURA RAMOS, MARCIAL SOLÍS, MARCO CARÍAS, ARTURO GÓMEZ Y ANTONIO FRASSINETTI

RECOPILADOS POR: MILAGRO DURÓN

Supervisión Editorial: Óscar Flores López
Diseño de portada: Danny Velásquez
Administración: Tesla Rodas
Director Ejecutivo: José Azcona Bocock
Primera Edición Tegucigalpa,
Honduras—Julio 2026

CONTENIDO

INTRODUCCIÓN

La presente antología, titulada **Cinco ensayos de Desarrollo económico, tierra e integración**, reúne un conjunto de textos fundamentales para comprender algunas de las discusiones más importantes del pensamiento económico y social hondureño. Los ensayos seleccionados no deben leerse únicamente como documentos históricos, sino como aportes críticos que permiten examinar problemas que han acompañado por largo tiempo la realidad nacional: la ausencia de una política económica propia, la debilidad institucional del Estado, la concentración de la tierra, el atraso rural, la desigual relación entre campo y ciudad, la dependencia externa y la necesidad de formas organizativas capaces de mejorar la vida de los sectores populares.

El valor de esta compilación radica en que los textos no tratan asuntos aislados. Cada ensayo aborda una dimensión distinta de una misma preocupación: cómo construir un modelo de desarrollo hondureño más justo, planificado e incluyente. Desde la política económica hasta el cooperativismo, desde la planificación rural hasta el análisis del latifundio, los autores reunidos en este libro ofrecen una mirada amplia sobre las condiciones que han limitado el desarrollo del país.

En términos técnicos, esta antología permite observar que el subdesarrollo hondureño no puede explicarse solamente por la escasez de capital, la falta de infraestructura o el bajo nivel tecnológico. Esos factores son importantes, pero detrás de ellos existen causas más profundas: la forma en que se organiza la propiedad, la orientación de las políticas públicas, la relación entre el Estado y los grupos económicos, la distribución territorial de la población, la productividad del agro y la limitada capacidad de planificación nacional.

El primer ensayo, Política económica y desarrollo económico, de Ventura Ramos, cumple una función central dentro del libro. Su importancia está en plantear que el atraso económico de Honduras no es una fatalidad natural, sino el resultado de decisiones históricas y de la falta de una política económica nacional. El autor señala que un país no puede desarrollarse únicamente dejando sus recursos en manos de intereses externos o esperando que la inversión extranjera resuelva sus problemas internos. Desde una opinión técnica, este ensayo es importante porque coloca el desarrollo en el terreno de la planificación, la autonomía económica y la responsabilidad del Estado.

El segundo ensayo, El Estado y el cooperativismo, de Marcial Solís, introduce una reflexión sobre la organización social de la economía. Su importancia consiste en mostrar que el cooperativismo puede ser un instrumento de desarrollo, especialmente para pequeños productores, trabajadores y comunidades rurales. El texto analiza la relación entre el Estado y las cooperativas, advirtiendo que el apoyo estatal es necesario, pero no debe convertirse en control excesivo ni destruir la autonomía de las organizaciones. Técnicamente, este ensayo aporta una visión equilibrada: el Estado debe promover, orientar y facilitar, mientras las cooperativas deben conservar su carácter democrático, solidario y participativo.

El tercer ensayo, La planificación rural en Israel, de Marco Virgilio Carías, amplía el horizonte de la antología al presentar una experiencia internacional de planificación agrícola. Su importancia no está en proponer que Honduras copie ese modelo, sino en mostrar que el desarrollo rural requiere organización, investigación, uso racional de los recursos, servicios públicos, asistencia técnica e integración territorial. Este ensayo es valioso porque permite comparar la realidad hondureña con una experiencia donde la planificación fue entendida como un proceso integral, no solo productivo, sino también social y territorial.

El cuarto ensayo, El problema agrario, el problema urbano y la integración de la ciudad y el campo de Honduras, de Arturo Euceda Gómez, devuelve la mirada al país. Su importancia radica en que vincula el problema rural con el problema urbano, mostrando que el atraso del campo afecta también a la ciudad y al conjunto de la economía nacional. El autor analiza la preponderancia de la agricultura, las limitaciones del territorio, la distribución de la población y la necesidad de integrar los beneficios del desarrollo entre el campo y la ciudad. Técnicamente, este ensayo es relevante porque entiende el desarrollo como un problema territorial: no basta producir más, también es necesario organizar mejor el espacio nacional.

El quinto ensayo, Estructura agraria y latifundio: el caso de Honduras, de Antonio Murga Frassinetti, profundiza en uno de los temas más decisivos de la historia económica hondureña: la concentración de la tierra. Su importancia está en que combina análisis social con datos censales, cuadros estadísticos y comparaciones sobre el uso de la tierra, la ganadería, la productividad y la estructura de las fincas. Este ensayo demuestra que la gran propiedad no siempre significa mayor eficiencia productiva, y que el latifundio puede estar asociado a baja utilización de la tierra, concentración de recursos y desigualdad social. Desde una perspectiva técnica, el texto es fundamental porque permite discutir la función social de la tierra con base en evidencia.

Leídos en conjunto, estos ensayos forman una secuencia coherente. Primero se plantea la necesidad de una política económica nacional; luego se estudia el cooperativismo como forma de organización social; después se examina una experiencia de planificación rural; posteriormente se analiza el problema agrario y urbano hondureño; y finalmente se profundiza en la estructura de la propiedad de la tierra. Esta progresión permite comprender que el desarrollo no depende de un solo factor, sino de la relación entre Estado, territorio, producción, propiedad, organización social y planificación.

La opinión técnica que se desprende de esta antología es clara: Honduras ha enfrentado problemas de desarrollo no solo por limitaciones materiales, sino por debilidades estructurales en la organización de su economía. La falta de una política económica propia, la dependencia externa, la concentración de la tierra, la débil planificación rural y la separación entre campo y ciudad han limitado la posibilidad de construir un desarrollo equilibrado. Los ensayos muestran que no basta con hablar de crecimiento económico; es necesario preguntarse quién produce, quién posee, quién decide, quién se beneficia y qué sectores quedan excluidos.

Esta antología también demuestra que el pensamiento económico hondureño ha contado con voces críticas capaces de interpretar con profundidad los problemas nacionales. Aunque estos textos fueron escritos en contextos distintos al actual, muchas de sus preguntas siguen teniendo vigencia. La necesidad de orientar la economía hacia el interés nacional, fortalecer organizaciones cooperativas, planificar el desarrollo rural, integrar el territorio y discutir el uso social de la tierra continúan siendo temas centrales para Honduras.

Por ello, este libro debe leerse como una herramienta de formación y reflexión. Para estudiantes, docentes e investigadores, ofrece materiales valiosos para comprender las raíces del subdesarrollo hondureño. Para quienes se interesan por la política pública, brinda criterios para analizar el papel del Estado, la planificación, el cooperativismo y la reforma agraria. Para la ciudadanía en general, representa una oportunidad de acercarse a una tradición de pensamiento nacional comprometida con la justicia social.

Finalmente, esta obra invita a comprender el desarrollo económico desde una perspectiva humana. Detrás de los datos, las fincas, los cultivos, los porcentajes y las políticas, están las personas: campesinos, trabajadores, productores, comunidades rurales y familias que han vivido las consecuencias de las decisiones económicas del país. Por eso, pensar el desarrollo exige unir técnica y sensibilidad social. Los ensayos aquí reunidos recuerdan que la economía no debe separarse de la justicia, que la tierra no debe separarse del trabajo y que la planificación no debe separarse de la vida concreta de los pueblos.

Que esta antología sirva como una puerta de entrada al pensamiento económico hondureño y como una invitación a estudiar, debatir y actualizar sus planteamientos. Volver a estos textos no significa mirar al pasado con nostalgia, sino recuperar herramientas para comprender mejor el presente. En ellos se encuentran diagnósticos, advertencias y propuestas que aún pueden orientar la reflexión sobre el futuro de Honduras. Su lectura nos recuerda que el desarrollo verdadero no se improvisa: se piensa, se organiza, se planifica y se construye colectivamente.

MILAGRO DURÓN/RECOPILADORA

POLÍTICA ECONÓMICA Y DESARROLLO ECONÓMICO

***Por VENTURA RAMOS*[1]**

No pretendemos sentar conclusiones ni mucho menos invadir el campo de los economistas, ajeno a nuestra formación periodística, sino simplemente ver como un problema general, nuestro atraso económico, con la pequeña luz de nuestro sentido común.

Escribimos más bien para dar oportunidad a los expertos en materia económica, a desarrollar el tema y esclarecer dudas a quienes como nosotros nos formulamos las mismas preguntas acerca del subdesarrollo de Honduras.

Todos, absolutamente todos, entendidos y legos, estamos de acuerdo en que nuestro país está más atrasado económicamente que sus vecinos centroamericanos, sin ser el más pobre en recursos naturales. Pero tenemos la impresión de que algo se silencia cuando se han hecho intentos de explicar el porqué de esta realidad.

No queremos entrar aquí en consideraciones acerca de las tesis que se han formulado como para justificar los hechos consumados, simplemente queremos hacer referencia a la causa que muy pocos mencionan como determinante de nuestro atraso. En otras palabras, queremos hablar de la política económica que se ha seguido en Honduras y se sigue todavía, con la intención de abordar la solución de nuestros problemas.

Es indudable que las guerras intestinas del pasado; que la falta de capital y la carencia del dominio técnico, así como la falta de obreros especializados, han retardado el desarrollo económico del país. También es innegable que la dispersión de los núcleos de población influye sensiblemente, pero nadie podrá negarnos que lo más determinante ha sido y es la carencia de una política económica que se proponga vencer todas las dificultades que se oponen a nuestro desarrollo.

---

1 Publicado en la revista Economía Política, abril - junio 1963.

La política económica es una parte de la política general. Es propiamente la política general aplicada específicamente a la solución de nuestros grandes problemas económicos. Por lo menos así lo creemos nosotros.

Pero desgraciadamente sólo los países autónomos pueden darse el lujo de formular su política económica. Los que no llenan esta condición, se desarrollan a retazos y bajo el influjo determinante de la potencia que exporta su capital con el propósito deliberado de obtener el máximo beneficio.

Honduras no ha tenido una política económica, no ha formulado nunca principios generales que sirvan de orientación a la iniciativa estatal y privada en el proceso de vencer el subdesarrollo. Y no la tenemos todavía a pesar de que, en la conciencia de la mayoría de los hondureños, existe la convicción de que el gobierno tiene ese vacío lamentable.

Estamos acostumbrados a decir, en discursos de ocasión, que el más acendrado patriotismo orienta nuestros pasos en materia económica, pero tal sentimiento patriótico nunca ha previsto una meta, una finalidad nacional en materia de desarrollo, ni nunca se ha traducido en principios a los cuales obligatoriamente habría que ceñir la conducta de los funcionarios responsables de la dirección de la economía.

La revolución liberal de las últimas dos décadas del siglo pasado enunció como principio general en la materia que nos ocupa, abrir el país a la inversión extranjera, para dejar hacer y dejar pasar todo cuanto intentasen los inversionistas foráneos. Esta fue toda su política económica y los resultados están a la vista, ahora que el renglón del banano está llegando a sus resultados finales.

Años más tarde, en la segunda y tercera décadas del presente siglo, se alzaron algunas voces de protesta contra ese dejar hacer y dejar pasar con sacrificio para la economía de los hondureños. El Dr. Miguel Paz Barahona gritó desesperado contra el trato que los inversionistas bananeros daban a los productores nativos de "oro verde". Vio con claridad hacia 1918 que los inversionistas extranjeros estaban aniquilando el patrimonio de los bananeros nacionales, a ojos vistas de todos, con el sistema que se llamó de "minutas".

Pero el gobierno estaba muy ocupado en otros asuntos y no le preocupó la quiebra de aquel núcleo de capitalistas hondureños, que bien pudieron jugar un papel decisivo, en el desarrollo del país, como el que les tocó jugar a los cafetaleros salvadoreños.

Años más tarde, dos legisladores nacionalistas y dos ministros liberales, Venancio Callejas, Felipe Reyes, Rafael Díaz Chávez y Rafael Medina Raudales, intentaron arrancar pedacitos al poderoso monopolio frutero que se había formado, pero era tarde, la aldea de La Lima era ya la capital de un nuevo Estado que sí tenía una política económica definida —la Carta Rolston— que se aplicaba inexorablemente en todos sus detalles.

Así perdió Honduras el núcleo de su economía nacional y desde entonces no parece que intente contrarrestar, con una acción racional, la política económica extranjera que incide en la vida precaria de los hondureños.

Los políticos hondureños no han creído necesario formular una política económica, y la que así quiere llamarse no pasa de pretender la explotación de nuestros recursos naturales, con base en la entrega de estos al capital extranjero, o de cifrar la esperanza de lograr cierto desarrollo en lo poco que fuentes financieras extranjeras puedan prestar. A esto cabe añadir otro renglón, el de la integración económica de Centroamérica, también dependencia de los mismos inversionistas foráneos.

Hablan también de la Alianza para el Progreso y hasta se redactan programas de desarrollo para adaptarse a las exigencias de esta iniciativa, pero silencian el hecho de que también la Alianza es política económica de otra nación que la aplica con fines muy distintos a la formación de las economías nacionales de los países en ella englobados.

En tales circunstancias resulta hasta impertinente hablar de una política económica propia, que tenga en cuenta la naturaleza de los problemas económicos de Honduras y que se fije un objetivo en materia económica.

Pero es necesario que hablemos de tal formulación de principios, pues parece que existen dos caminos para lograr la explotación racional de los recursos naturales: el independiente y su oponente, el dependiente. Y si oficialmente es ya un hecho que se trata de avanzar por la segunda ruta, la verdad es que la mayoría de los sectores populares no se han pronunciado en asunto tan delicado.

Formular una política económica y aplicarla no es, naturalmente, una tarea fácil. Ello implica reconquistar nosotros el derecho a decidir sobre lo que queremos y cómo hemos de llevarlo a cabo.

Tal actitud sólo puede nacer de una revolución democrática triunfante, resuelta a imprimir a la economía la modalidad que demande el bienestar del pueblo hondureño. Sólo un nuevo Estado podrá retar el peso y la fuerza de los intereses creados, con una política económica que corrija el dejar hacer a los grandes monopolios internacionales.

A juzgar por lo que se ve, tanto la integración económica centroamericana como la Alianza para el Progreso, no resolverán los problemas que determinan el subdesarrollo. La primera no es más que la creación de sucursales industriales de los mismos grandes inversionistas extranjeros, para aprovechar el mercado de los cinco países subdesarrollados, y beneficiarse de la exención de impuestos a los artículos producidos en Centroamérica. Y la otra, la Alianza, fracasará también porque pone en manos de las camarillas semifeudales la tarea de realizar reformas agrarias a costa de los terratenientes nativos, pero sin tocar las "tierras en descanso" que la enfermedad del banano ha dejado sin utilizar en la Costa Norte de Honduras.

La Integración y la Alianza no proveen la acumulación de capital en manos nacionales. Están calculadas para que produzcan ganancias que han de retornar a la metrópoli, y mientras esta política de bombeo no se cambie, habrá subdesarrollo, miseria y opresión. Por consiguiente, no está demás que hablemos de una política económica propia, para ejecutarla cuando hayamos reconquistado el derecho a decidir lo que nos convenga en materia económica.

EL ESTADO Y EL COOPERATIVISMO

Por MARCIAL SOLÍS H.[2]

La importancia que el Movimiento Cooperativista ha venido adquiriendo como instrumento del desarrollo económico y social de los pueblos es una realidad que ya no se discute, por ello es muy lógico el interés que los pueblos y gobiernos sienten hoy día por los métodos y sistemas de la cooperación, interés que ha quedado de manifiesto en innumerables conferencias y reuniones internacionales o regionales celebradas en los últimos tiempos.

En la medida en que los pequeños productores agrícolas o industriales y los trabajadores del campo o la ciudad, van ocupando en conjunto una posición predominante dentro de la economía, el método Cooperativista ha ido acentuando su acción coordinadora en estos grupos inclinándolos hacia la constitución de empresas capaces de realizar mejoras apreciables entre sus integrantes.

La iniciativa constante y colaboración activa que el sistema cooperativista logra despertar en las personas por mejorar su condición de vida, estimulando además el espíritu de ayuda mutua y solidaridad humana han sido, a no dudarlo, los factores determinantes del progreso social y económico que el Movimiento ha podido desarrollar especialmente en los últimos años en los países en vía de crecimiento.

Empero, la estructura del propio Movimiento Cooperativista, que en muchos casos abarca extensas áreas de población, hace inevitable su constante contacto con el Estado y la acción que las autoridades o instituciones públicas deben o pueden ejercer sobre las cooperativas ha dado lugar a una constante discusión y a la existencia de diversidad de actitudes y opiniones. En realidad, es mucho lo que se ha dicho y se ha escrito acerca del controversial asunto de las relaciones del Estado con las Cooperativas.

---

[2] Publicado en la revista Economía Política abril-junio 1963.

Cuatro son las tendencias o predominantes y reconocidas desde un punto de vista exageradamente amplio, dentro de tales relaciones y son las siguientes:

I. El Estado fuera del Movimiento Cooperativista;
II. II. El Estado como Promotor y Director del Movimiento Cooperativista;
III. III. El Estado y las Cooperativas en un Plano de Mutuo Entendimiento;
IV. IV. El Estado como Promotor Inicial del Movimiento Cooperativista.

I. EL ESTADO FUERA DEL MOVIMIENTO COOPERATIVISTA

Esta situación se ha dado y se da en países en donde el Cooperativismo ha tenido que librar grandes luchas contra una legislación de extracción Capitalista que desnaturaliza las verdades cooperativas, contra el desinterés y el tradicionalismo estatal, contra el Estado carente de sensibilidad social o en países en donde el Movimiento ha alcanzado un alto grado de desarrollo por sus propios medios o recursos y tiene que enfrentar las maniobras de los intereses que afecta.

Se trata de una posición estatal de indiferencia en lo que respecta a la suerte del Movimiento; indiferencia que suele degenerar en posición contraria a los intereses de las cooperativas.

Se presenta esta situación generalmente, en países donde las Cooperativas han desarrollado ampliamente su acción, como en Inglaterra, Escandinavia, Alemania y otros países europeos. Sin embargo, también se asume tal posición en países subdesarrollados, donde los gobiernos por desconocimiento o por malicia, adoptan una posición de temor frente a las cooperativas y no sólo no las ayudan, sino que también las repudian, excepto cuando tales organizaciones les sirven de instrumento político. Para el caso, en Nicaragua, de acuerdo con la Ley, las Cooperativas son Sociedades Anónimas, lo que además de perjudicial es ridículo. En El Salvador la Ley asimila a las cooperativas como Sociedades Mercantiles.

La actitud indiferentista del Estado es defendida por el hecho de que, desde su origen, el Movimiento Cooperativista fue el resultante de una actividad espontánea de un grupo de obreros tejedores ante la actitud decidiosa, parcial o ineficiente del Estado por resolver los problemas sociales de la época. Si este es el origen del sistema y en la posteridad ese ha sido casi siempre el inicio de esta idea en la mayor parte de los países del mundo, ¿por qué se ha de pensar en ponerle muletas en nuestros tiempos? Si las Cooperativas se empeñarán en conseguir un esfuerzo y un sacrificio máximo de sus asociados y llegarán a integrarse al nivel nacional dentro de una auténtica filosofía de cooperación y ayuda mutua, no necesitarán del Estado las fuentes de financiamiento extraordinario de que tanto se habla; de las exenciones y auxilios que tanto se solicitan; de una relativa asistencia técnica que muy bien ellas mismas se podrían suministrar a bajo costo, etc.

Los que atacan tal actitud argumentan que las cooperativas lejos de ser una carga para el Estado y para la Sociedad en que se desenvuelven, deben orientar sus actividades con miras a obtener un alivio, a las de por sí interminables responsabilidades que pesan sobre él.

El Estado nada tiene que temer de las cooperativas, pues ellas son la mejor Escuela de Democracia para el pueblo, trabajan a base de respeto por la condición económica de las demás personas y llegan a convertirse en el mejor medio de hermandad e interrelación entre los habitantes de cualquier país, sea cual fuere su condición social.

Sin embargo, dicen los otros, un Cooperativista Libre e Independiente constituye, en la realidad actual, lo que podría estimarse como la Sociedad Ideal del futuro: "Una Sociedad Democrática y Creadora, en la cual todas las personas disfrutan de pan, paz y libertad; cuyo lema es capital sin capitalismo; con una distribución de la riqueza, sin la explotación del hombre por el hombre o por el Estado; y con una filosofía de beneficio al mayor número, igualdad de oportunidades y respeto a la dignidad humana", y señalan como sus ventajas la eliminación del peligro de la intromisión política en el Movimiento Cooperativista y la libertad de acción de éste en lo económico, en el pensamiento, en las decisiones, en el aspecto educativo y aún en lo legal.

II. EL ESTADO COMO PROMOTOR Y DIRECTOR DEL MOVIMIENTO COOPERATIVO

Esta es una posición de tipo paternalista; el Estado aparece como protector y director del Movimiento Cooperativista y se origina en los países subdesarrollados con Movimientos Cooperativistas incipientes o inexistentes, en donde ha sido el Estado el único que se ha interesado por promover el desarrollo de las cooperativas. Generalmente se trata de países con gobierno socialista.

En los mismos, siendo el Estado el gestor de toda la actividad económica-social y el director responsable de su ensanchamiento, no se concibe a las cooperativas sin la directa intervención estatal.

Sostiene esta tesis que si las cooperativas necesitan para su formación y mejor funcionamiento de una buena Ley de Cooperativas; de facilidades para su financiamiento económico, de un Organismo que las asesore en su etapa inicial; que se les otorguen algunas excepciones y se les libere de impuestos; que se les supervigile durante el desarrollo de sus actividades, no sería posible la existencia de un Movimiento Cooperativista fuerte y vigoroso sin la ayuda del Estado.

Si el Estado es el responsable del control del tipo de cambio y del régimen de las exportaciones e importaciones; es el que en muchos de los países otorga los créditos a la producción; el que provee la mayor parte de las facilidades sobre seguros, transportes, energía, educación, abastecimientos, comercialización, vivienda, recreación y otorga los servicios de salud, defensa social y económica, asistencia técnica, etc., a toda la población del país, no se entiende cómo el Movimiento Cooperativista podría pretender subsistir sin una estrecha relación con el Estado.

Si el Estado se colocara en una posición negativa frente al Movimiento Cooperativista, sencillamente no lo dejaría crecer; sobre todo en países pequeños y subdesarrollados.

Tiene tantos enemigos la cooperación, que para poder subsistir y desenvolverse, necesita de la protección del Derecho y esa protección solo un Estado consciente la puede ofrecer. Por lo tanto, señalan como ventajas de esta posición:

a) El disfrute de todas las facilidades y servicios que el Estado puede ofrecer;

b) Un crecimiento más rápido y seguro;

c) El poder participar dentro de todos los planes de desarrollo económico y social que el Estado llegue a concebir o realizar, convirtiéndose rápidamente en un gran e importante instrumento de la Economía.

Pero a esta posición se antepone el siguiente criterio:

La protección desmedida por parte del Estado hacia las cooperativas puede desviar el concepto auténtico de la cooperación, destruir el espíritu de sacrificio, de ayuda solidaria y de recogimiento por parte de los cooperativistas, degenerando en un sistema paternalista peligroso porque mata la iniciativa humana. La participación estatal es el opio del Movimiento Cooperativo y el peligro de su participación en política, lo que desnaturaliza su propia esencia de servidor sin discriminación.

Si el Estado provee servicios a toda población y a todas las actividades económicas y sociales, las cooperativas perfectamente pueden hacer uso de esos servicios del campo de sus respectivas necesidades, conservando su independencia sin asumir los compromisos y obligaciones que se contraen cuando se buscan facilidades o ayuda extraordinarias.

Pero existe aún un argumento radical contra esa posición y la que sostiene el autor de que si el Cooperativismo no es libre, independiente de toda injerencia extraña a sus miembros; si el Cooperativismo es controlado o dirigido por el Estado en forma total, éste no es cooperativismo, porque la esencia del sistema de la cooperación la constituye su democracia interna, aunque tenga que atender lógicamente las regulaciones generales que el Estado ha de dictar para ordenar la vida social.

Por la misma razón no se concibe la existencia de un "Cooperativismo Socialista" o un "Cooperativismo Capitalista" o un "Cooperativismo Libre", pues considera el autor que el Cooperativismo es Cooperativismo y nada más; necesita apellidos; se trata de una institución sui generis, con personalidad propia, distinta de cualquiera otra personalidad. Por ello mismo no se puede concebir a las cooperativas como sociedades mercantiles, porque la naturaleza esencial de aquellas es el lucro y la característica fundamental de las cooperativas es el servicio. Tampoco se le puede confundir con cualquier otro tipo de asociación. La democracia y la libertad, el control democrático, el libre ingreso y el libre retiro constituyen, por decirlo así, su alma y su sangre; por eso las cooperativas requieren en cada país de legislación propia, especial. El Derecho Cooperativista existe desde que se inició el sistema en Inglaterra y en Alemania en el Siglo XIX.

No hay duda que en el mundo existe ampliamente difundido, especialmente en los países socialistas, la posición a que se refiere este capítulo, y a esas organizaciones se les sigue llamando "cooperativas" porque en buenas partes muchas organizaciones eran cooperativas de verdad cuando se estableció el régimen socialista en esos países; pero al perder la libre disposición y manejo de sus operaciones y sus bienes al caer bajo el control del Estado, en muchos casos en forma omnímoda dejaron de ser cooperativas para convertirse en otra cosa. No obstante, muchas de esas organizaciones conservan muchas de las características originales de las cooperativas por lo que se les puede considerar como tales. De ninguna manera con esto quiere decirse que un sistema sea mejor que otro, lo único que se trata de establecer es la claridad de un concepto tan importante como es el de la Personalidad de las Cooperativas.

III. EL ESTADO Y LAS COOPERATIVAS EN UN PLAN DE MUTUO ENTENDIMIENTO

Esta posición se observa en los países con un Movimiento Cooperativista joven y un Estado de ideas revolucionarias democráticas.

Los estados democráticos modernos vienen demostrando gran interés por el desarrollo de los programas sociales, tratando de conseguir por su medio, un mejoramiento de la condición económico-social de los sectores menos protegidos y una mejor distribución de la riqueza nacional.

Si el Estado de mutuo propio considera indispensable el ofrecer su ayuda a los grupos mayoritarios de la población hasta llegar a reconocer en las Constituciones políticas la obligatoriedad de que él mismo debe hacer el fomento de las cooperativas, no se comprende la razón por la cual el Movimiento Cooperativista debe aparecer tan estrechamente ligado al Estado, como se ha expuesto en la posición anterior.

Si el Estado es el que tiene la Facultad de sancionar el nacimiento y otorgarle vida a la cooperativa a través de una Personalidad Jurídica, hay que reconocer entonces, que si bien es cierto dichas asociaciones se constituyen por voluntad expresa de los Miembros deben contar también con el visto bueno y la aquiescencia del Estado para poder subsistir.

Con ese criterio se estima, que una relación de convivencia armónica, de mutuo y leal entendimiento entre el Estado y las Cooperativas, sería, a no dudarlo, el mejor y más eficaz medio de desarrollo de un movimiento Cooperativista fuerte.

Una colaboración directa del Estado, en cuanto a las facilidades indispensables que él pueda ofrecer como son: promoción, crédito, supervisión, asesoramiento, exenciones, legislación y resolución de los problemas de tipo general, con una participación activa de las cooperativas en cuanto a la solución de sus propios problemas y en programas de desarrollo económico y social como son los de: Producción, Comercialización, Consumo, Vivienda, servicios varios, vestuario, salud, etc. Constituyen el marco ideal de entendimiento y el mejor sistema de coordinación de esfuerzos, en pro del desenvolvimiento y progreso efectivo del Movimiento Cooperativista.

Se señalan como ventajas de esta actitud: a) Eliminación del peligro de malos entendidos entre el Estado y las Cooperativas; b) Aprovechamiento mucho de los recursos que el Estado está en capacidad de poner a disposición del Movimiento Cooperativista; c) Posibilidad de defender en forma directa e inmediata, cualquier política inconveniente que el Estado quisiera trazar en contra de los intereses de las Cooperativas.

IV. EL ESTADO COMO INICIADOR DEL MOVIMIENTO COOPERATIVISTA

Esta posición razonable y práctica es muy similar a la anterior, pero con proyecciones hacia la estructuración de una sociedad democrática justa en el futuro.

Esta idea ha sido desarrollada en el Estado Libre Asociado de Puerto Rico, en Israel y en la India y está tratando de ser seguida por otros países con Movimientos Cooperativos muy jóvenes como Honduras y Costa Rica.

El planteamiento muy similar al anterior, pero con una concepción más moderna, en la cual ambas partes aparecen vivamente interesadas en hacer las cosas de la mejor manera. La ayuda del Estado en este caso ha de ser útil y eficaz y no debe imponer condiciones que vayan a estorbar el libre desarrollo de las Cooperativas respetando en todos los casos su completa autonomía.

En su etapa inicial la ayuda del Estado debe ser calculada y precisa que no falta nada al protegido, pero tampoco que le sobre o le repugne.

La acción del Estado debe ser muy inteligente y desprendida, apoyando a las cooperativas en sus campañas por descubrir y eliminar los falsos líderes y en sus luchas por desterrar los procedimientos viciados o incorrectos.

Tan pronto como el mismo Movimiento Cooperativista así lo justifique, el Estado tratará de estimularlo para que busque su integración, de suerte que en poco tiempo él pueda asumir, por propios medios, su completa orientación y dirección.

La situación ideal para lograr esta posición tendría que estar enmarcada dentro de los siguientes aspectos:

1) Un Estado interesado en el fomento de las cooperativas, como medio de alcanzar:

a) Un más rápido y barato desarrollo económico y social;

b) El mejoramiento de la productividad;

c) Una mejor distribución de la riqueza;

d) La resolución inmediata de determinados e importantes problemas económicos o sociales;

e) Un mejoramiento de sus relaciones públicas;

f) La disminución de sus gastos y presupuestos improductivos en el futuro;

g) La tranquilidad social.

2) Un Movimiento Cooperativista interesado en:

a) Su inmediata integración;

b) Asumir los servicios de promoción, divulgación y organización de cooperativas;

c) La defensa de los intereses económicos de las Cooperativas;

d) La defensa de los intereses doctrinales del Movimiento;

e) La creación de servicios u organismos propios de ayuda propia y ayuda mutua;

f) La conducción del Movimiento Cooperativista como actividad privada o independiente.

Se señalan como ventajas de esta situación: a) El desarrollo inteligente y armonioso del Movimiento Cooperativista; b) El planeamiento técnico del programa; c) Posición correcta por ambas partes respecto de los correspondientes campos de acción.

Como la última es la posición que nosotros hemos adoptado para fomentar al Cooperativismo en Honduras, explicaremos algo detalladamente cuál es nuestro criterio sobre la forma de operar de la misma.

El Cooperativismo no es un sistema rígido, sino que tiene sus variantes de acuerdo a las ramas que abarca y las modalidades de cada país, y de cada medio; pero sin llegar a las variantes extremas a que ya nos hemos referido. Se planteó en los primeros años de su surgimiento si se debía aceptar o no la ayuda del Estado.

Sabemos al respecto que en un principio el lema Cooperativista fue la "propia ayuda" sostenido por los precursores primero y por los pioneros de Rochdale después, y por la consigna de Raiffeisen de "Ayúdate y Dios te ayudará". Esto se justificaba; la oposición a la acción del Estado en la época del nacimiento del Cooperativismo era explicable. El Movimiento surgió en un país y en una época de pleno auge del liberalismo económico bajo el lema de "Dejar hacer, dejar pasar"; esto es, en una época de indiferencia absoluta de los poderes constituidos hacia la lucha económica de los ciudadanos, y más aún en algunos casos, francamente hostil hacia cualquier movimiento tendiente en cambiar esta forma de estructura económica y social, y se explica entonces porque los que lucharon por una nueva forma de convivencia económica y social de los hombres, trataron de eludir la intervención del Estado, ante el temor, perfectamente fundado, de que esa intervención fuera negativa.

En el siglo presente, las cosas han cambiado. Los distintos gobiernos de todo el mundo tratan de evitar que la felicidad excesiva de unos derive de un mayor enriquecimiento, se constituya sobre la base del infortunio de otros menos favorecidos por el destino; de ahí que su intervención generalmente, ya no es para obstaculizar todo movimiento pacífico tendiente a obtener una distribución más justa de las riquezas, y es por ello que el Cooperativismo trata de conseguir por todos los medios a su alcance el apoyo de los poderes públicos hacia la acción que desarrollan, precisamente en defensa de los principios que forman la base de la filosofía del Cooperativismo.

Por otra parte, nadie puede negar que al Estado le corresponde la ordenación jurídica de las actividades cooperativistas "en virtud de su función tutelar de todo derecho y de todo legítimo interés y no es menos cierto que por su función perfeccionadora y supletoria de la iniciativa privada, viene también obligado a prestar el apoyo y auxilio que esas actividades necesitan para procurar las satisfacciones debidas al bien social".

En la cooperación esta ayuda es necesaria, por muchas razones tales como: la dificultad de obtener créditos a plazo prudencial e intereses bajos; la poca estabilidad de los precios de los productos agropecuarios; exceso de gravámenes que entorpecen y dificultan la producción, etc. De ahí, que en casi todos los países en desarrollo, se extiende en la actualidad la convicción, de que el Estado debe sancionar leyes que aseguren la estabilidad de las Cooperativas y ejerza la fiscalización pertinente de modo que ellas no se aparten de los principios que sustentan su doctrina; leyes que, además de fiscalización contemplen también acción de fomento de parte del

Estado en forma de facilidades para constituirse, exención de impuestos, facilidades crediticias, acción de propaganda y educación mediante la implantación de cursos sobre Cooperativismo en los distintos centros de enseñanza primaria, secundaria y superior; organizaciones de oficinas de asesoramiento, asistencia técnica administrativa y contable de las cooperativas ya constituidas o por constituirse, etc.

Desde la acción del Estado puede ser perturbadora es cuando quiere imponer normas antagónicas a los principios del verdadero Cooperativismo. Pero en tal caso, existiendo una ley que protege sus derechos, las cooperativas tienen el recurso de solicitar el fiel cumplimiento de la misma, lo cual constituye la mejor forma, en condiciones normales de vida democrática, para defender sus existencias.

En nuestros países aún subdesarrollados, las asociaciones cooperativas constituyen un sector importante dentro de la economía nacional.

Este hecho de por sí ya indica la importancia que las asociaciones de venta o comercialización de productos, será fácil comprender por qué la ayuda estatal se hace indispensable.

El contacto permanente de las organizaciones cooperativas e instituciones estatales constituye una necesidad, y como secuela lógica, la ayuda técnica y crediticia se traduce en beneficio tanto para los cooperativistas como para el Estado y por ende, como resultado final, de beneficio general para la economía del país y para la Sociedad en general.

Aparte de la acción promotora del Estado, es importante poner interés sobre la forma como deben funcionar las oficinas estatales encargadas de prestar asistencia a las asociaciones cooperativas.

Es muy común la modalidad de crear distintos organismos para asesorar las actividades de los distintos tipos de cooperativas así, por ejemplo: existen en algunos países oficinas por separado para entender los asuntos de las cooperativas agrícolas, otras para las de viviendas, otras para las de trabajadores y en general se establecen reparticiones especiales para el fomento de cooperativas que funcionan en determinados sectores sociales o por depender sus asociados de un Ministerio particular por motivos diversos.

Esto significa que para una misma clase de cooperativas o para cooperativas de actividades similares, funcionan distintos organismos encargados del fomento de cada grupo por separado y sin ninguna coordinación en cuanto respecta a la orientación de sus funciones, lo cual forzosamente debe traer aparejado serios inconvenientes de orden administrativo y práctico y especialmente en cuanto se refiere a unidad de acción y orientación paralela.

Tal situación crea molestas confusiones para las mismas cooperativas, por cuanto a los asociados de una les resulta difícil discernir por qué se permite a otras cooperativas lo que no se permite a las de ellos, tienen su jurisdicción en distintos Ministerios en organismos estatales especializados.

Por otra parte, en un régimen así el monto de los gastos estatales aumenta forzosamente, ya que cada oficina encargada de la asistencia a las Cooperativas de su dependencia debe contar con su presupuesto aparte, duplicando servicios.

Esto no sucedería si tales actividades fueran concentradas en un solo organismo por cuanto, buena parte del personal habitualmente empleado podría ser reducido, sin que las tareas se desintieran y casi seguramente con un resultado mucho más positivo.

La concentración en un solo organismo encargado de prestar asistencia técnica, administrativa y contable a las cooperativas, ofrece una serie de positivas ventajas como por ejemplo: unidad de criterio, en la organización, funcionamiento y control de las cooperativas, mayor eficiencia en la labor por la posibilidad de contar con mayores recursos y personal más seleccionado, mayores posibilidades y facilidades para crear federaciones de cooperativas, pero principalmente en esta forma se evitará la confusión que pueda originarse entre los miembros de los distintos grupos de asociaciones sobre los principios y prácticas del Cooperativismo, como secuela de distintas disposiciones legales o administrativas para un mismo tipo de asociación.

Además del grave defecto de subdivisión y superposición de oficinas que tienen a su cargo el fomento de las cooperativas, asistencia técnica, jurídica, administrativa, contable y cultural, existe de parte de muchos organismos estatales una labor de policía, bajo la forma de inspección, más o menos frecuentes, con el único propósito de observar si se cumple con la Ley o con los artículos de los estatutos.

El error más grave que cometen los funcionarios de esas oficinas es justamente tratar a las cooperativas como entidades sospechosas buscando sorprenderlas en falta de cumplimiento. Al respecto cabe manifestar, que la función básica de un buen funcionario en materia de control de cooperativas debe ser de asistencia y de instrucción y no de policía.

En vez de protestar y amenazar, debe dictar verdadera cátedra cada vez que visite una cooperativa haciendo ver a los dirigentes de las mismas, la consecuencia de las faltas observadas con respecto a la futura estabilidad de la asociación, ilustrarlos sobre las mejores prácticas de orden técnico y administrativo, limar asperezas que puedan surgir entre los dirigentes y entre estos y los empleados de las cooperativas o entre los asociados mismos. Tratar de mantener contacto no sólo con los dirigentes y empleados sino con grupos de asociados, ilustrándolos sobre las ventajas de las cooperativas y derechos y deberes de los asociados; etc.

En cuanto a las oficinas mismas, deben utilizar todos los medios para ser útiles al Movimiento y de positivo provecho para las cooperativas mediante conferencias, publicaciones, visitas continuas, charlas y un asesoramiento eficaz en materia técnica, jurídica, administrativa y cultural.

Para lograrlo, las agencias gubernamentales para el fomento de Cooperativas deben contar con funcionarios especializados, tales como ingenieros o agrónomos para la parte técnica, abogados para asesoramiento jurídico, contadores para la asistencia administrativa y contable y maestros experimentados para la difusión cultural y educación cooperativa.

Fuera de la acción directa de los funcionarios que dependen del organismo estatal, ésta debe contar con un buen número de colaboradores distribuidos por todo el país, seleccionados entre los maestros y agentes de extensión agrícola, por ejemplo, quienes deberán ser adiestrados a tales efectos mediante cursos de capacitación, organizados por dichas oficinas estatales, en las diversas regiones de cada país.

Esta es la mejor forma de obtener resultados rápidos y positivos, no sólo en la consolidación de las cooperativas existentes, sino en la organización de nuevas unidades sobre bases firmes y de seguro desenvolvimiento.

La acción de los gobiernos en cuanto concierne al fomento de la cooperación no se limita ni debe limitarse tan sólo a vigilar el funcionamiento y prestar asistencia técnica, administrativa, contable o jurídica, a las cooperativas, funciones a las que hicimos referencia más arriba. Dicha acción como ya está sucediendo en muchos países, debe extenderse a objetivos más concretos tendientes y prestar una ayuda efectiva a esas instituciones destinadas a asegurar la estabilidad económica de las mismas, por una parte, y darles la posibilidad de asistir financieramente a los asociados, cuando las circunstancias lo exigen, principalmente en lo que se refiere a otorgamiento de créditos a plazos apropiados y a intereses reducidos.

Vale la pena hacer hincapié en la tesis de que el Estado por intermedio de la intervención de los maestros puede prestar un gran servicio a la difusión de las ideas cooperativistas, pues corresponde señalar que es un hecho conocido, la influencia que puede ejercer el maestro sobre el hombre de campo en cuanto concierne a su orientación con respecto a las ideas políticas y sociales de orden privado del campesino, como asimismo en su relación con los intereses colectivos de orden local.

La influencia de los maestros sobre la masa campesina es siempre importante, por el hecho de estar estrechamente vinculados a la familia y también por la confianza que los maestros gozan en los hogares especialmente en las zonas rurales.

De ahí, la enorme importancia que puede asumir su colaboración en la tarea de ilustrar a la población sobre los objetivos del Cooperativismo y sobre el aspecto económico social de este Movimiento como medio de mejorar el nivel de vida.

Una acción orientada en ese sentido, empezando por los hijos en la escuela y siguiendo con los padres en sus mismos hogares, aprovechando tal efecto, se traducirá bien pronto en resultados positivos.

Las relaciones del Estado con las cooperativas no deben limitarse tan solo a prestar ayuda a las cooperativas, sino también y esto es muy importante, utilizar a estas instituciones en la planificación y realización de sus proyectos y planes de desarrollo económico-social.

En cualquiera de esos planes, la intervención de las cooperativas, tanto de primer grado como de segundo y principalmente estas últimas, puede constituir el mejor recurso para facilitar su proceso, acelerar su desarrollo y hacer más eficaces sus resultados.

La razón de esta afirmación estriba en que nadie puede tener más interés en cualquier iniciativa en este sentido que los propios interesados, pero para que los mismos interesados puedan coadyuvar eficientemente en las realizaciones tendientes a beneficiarles, es necesario ante todo mancomunar los esfuerzos, sincronizarlos y orientarlos ordenadamente y en forma solidaria hacia la consecución de los objetivos trazados. Para ello, nada mejor que la asociación cooperativa, gracias a cuyos principios de cooperación libre, solidaridad humana y justicia social, la convierten en la mejor organización para colaborar en iniciativas que tienen por objeto el bien común, el progreso social y económico y en general en bienestar del país.

La contribución que las asociaciones cooperativas pueden prestar a la realización de planes de desarrollo puede variar de acuerdo a las necesidades y condiciones económicas de cada país. Ello no obstante, cualesquiera sean las condiciones aludidas, su aporte más importante debe ser en primer término desarrollar una producción más abundante, más diversificada y de mejor calidad, mediante la implantación de técnicas científicas, que por una parte tiendan a rendir mayor volumen físico y mejor calidad de productos, y por otra, una reducción en el costo de producción tendiente a obtener un mayor rendimiento económico en la empresa individual, mediante la participación de todos en el esfuerzo para lograr los resultados de la gran empresa que el hombre aislado no puede conseguir.

Esto se logra gracias a que mediante los recursos aunados de todos, puede utilizarse más eficientemente el suelo, sea por mejora en la técnica de los cultivos, selección de semillas, etc., y esto es muy importante, la mecanización del trabajo, transformación, conservación y transporte de los productos y finalmente su comercialización directa en los grandes mercados y su ampliación.

Posteriormente el sistema puede ayudar a conservar el poder adquisitivo de los ingresos a través de las cooperativas de consumo, combatir la usura y el agiotismo por medio de las cooperativas de Ahorro y Crédito y de comercialización, con los que también contribuirían las cooperativas de trabajo y bienestar comunal. Por medio de las organizaciones para la construcción de viviendas, el sistema podrá contribuir sensiblemente a la solución de este grave problema social, etc.

La colaboración de las asociaciones cooperativas puede ser ejercida, además, en numerosos campos de acción, como planes de colonización irrigación, electrificación, planes de asistencia técnica y de extensión y programas de alfabetización.

La intervención de las cooperativas en la realización de los programas arriba mencionados es doblemente beneficiosa, primero: porque nadie mejor que los dirigentes de esas asociaciones conocen las necesidades específicas de su zona de influencia y por ende la mejor forma de aplicar los medios pendientes a satisfacer tales necesidades y segundo: porque contando con la colaboración de las asociaciones cooperativas, el Estado puede economizar personal, gastos de oficina y traslados para prestar la asistencia programada.

La coordinación de servicios tales como de extensión y de asistencia técnica, pueden obtenerse mediante la elaboración de programas, dando participación a las cooperativas en su ejecución y centralizando esta labor en la agencia estatal que corresponde.

Para facilitar las tareas en la ejecución de planes de colonización, las asociaciones cooperativas pueden participar de diversas maneras a veces en forma directa y de modo indirecto casi siempre.

Cuando se trata de colonizar resultaría más efectiva al organismo estatal encargado de esa misión confiar esa tarea a las respectivas cooperativas agrícolas donde tales funcionan, por cuenta de la entidad colonizadora, pues nadie defenderá mejor los intereses del futuro colonizado que la asociación donde el interesado es seguramente asociado, sea en lo que respecta a la adquisición de la tierra, la construcción de la vivienda, el cercado del campo adquirido, la adquisición de elementos de trabajo y de producción, etc.

La intervención de las asociaciones Cooperativas resultaría ventajosa tanto para el Estado como para la población rural, en materia de conservación de caminos, distribución de agua de riego, electrificación rural, redes telefónicas, suministro de asistencia sanitaria, social, cultural y en muchos otros ámbitos, de acuerdo con el medio donde le toca actuar a cada cooperativa.

En materia de asistencia técnica y de extensión agrícola, las asociaciones cooperativas pueden encargarse de preparar las reuniones de los agricultores, ofrecer el local, hacer la propaganda previa, etc., para que el funcionario o extensionista que manda la repartición gubernamental encuentre todo preparado en el momento de su llegada y poder desarrollar sus ideas ante un público numeroso e interesado, gracias a la influencia que los dirigentes de la cooperativa interesada ejercen sobre los agricultores de la zona y no como sucede con mucha frecuencia, que el extensionista debe perder mucho tiempo en trabajos previos para organizar dichas reuniones, las que por lo común cuentan con pocos asistentes.

La asociación Cooperativa puede contribuir a la solución del problema de alfabetización en dos formas, una: facilitando un local para la enseñanza y haciendo propaganda entre la masa analfabeta para que concurra a las clases, para cuyo funcionamiento el Gobierno deberá proporcionar los maestros necesarios, y otra forma podría ser que la asociación cooperativa, por su cuenta y con ayuda mínima del Estado, proclame campañas de alfabetización de adultos, organizando cursos dictados por los propios asociados con cierta preparación elemental, y hasta ejercer presión sobre los asociados analfabetos, mediante reglamentos adecuados para que asistan a tales cursos.

LA PLANIFICACIÓN RURAL EN ISRAEL

Marco Virgilio Carías[3]

Introducción

Poco conocida en Latino América es la experiencia de Israel en materia de planificación, la cual consideramos de gran importancia, pues difícilmente hay otro país capitalista que haya llegado tan lejos en la planificación de su agricultura.

El plan económico nacional fue concebido para la construcción y desarrollo del país, y contempla desde la producción de bienes a la localización más adecuada de las aldeas, ciudades, centros industriales, etc. y la utilización apropiada de los recursos.

El gran desarrollo agropecuario logrado en un plazo relativamente corto y bajo condiciones sumamente difíciles, atestiguan el éxito de la planificación.

La tarea de los planificadores, desde un punto de vista histórico, ha pasado por dos etapas, la primera abarca cinco años, de 1948, fecha de la independencia, a 1953, lapso durante el cual se cumple con el objetivo de la planificación de satisfacer las necesidades de alimentos, a un nivel dietético adecuado, de una población que de 650.000 habitantes, en año y medio aumentó en un 50% y que para 1962 llegó a 2.234.000, o sea que de 1948 a 1962, el incremento fue de una tasa anual de 9.3%, la cual es muy superior al crecimiento de la población de cualquier país subdesarrollado.

Lograda esta meta, se pasó a una política de mejoramiento de la balanza de pagos mediante el aumento de las exportaciones y sustitución de importaciones.

PRECONDICIONES DE LA PLANIFICACIÓN

Israel es un país pequeño, más o menos del tamaño de la República de El Salvador, abarcando el desierto la mitad de su territorio; los recursos minerales y los hidráulicos son sumamente escasos, tanto que ya se está proyectando la utilización del agua de

[3] Publicado en la revista Economía Política, julio-septiembre 1965.

mar para los próximos años. Era a esta tierra que regresaba el pueblo judío, en grandes masas, que era necesario absorber de inmediato.

Llegaban de todos los rincones de la tierra, teniendo por lo tanto diferentes grados de cultura que va desde el europeo culto a la yemenita analfabeta y supersticioso, pero todos hacía dos mil años que no cultivaban la tierra y tenían que aprender a acostumbrarse al duro trabajo de la agricultura. Además de esto, durante los primeros años de colonización los inmigrantes estaban expuestos a los ataques de los merodeadores y desde la declaración de la independencia, el país se ha encontrado bajo la amenaza de guerra con los países árabes, que cuentan con 42 millones de habitantes, teniendo por ello que destinar el 50% de su presupuesto a defensa, aparte de los inconvenientes de mantenerse en estado permanente de alerta.

Las primeras olas migratorias, que comenzaron a finales del siglo pasado, estaban compuestas por obreros y clase media que venían a convertirse en trabajadores, regresaban a la "Tierra Prometida" movidos por razones nacionales y espirituales, querían tener nuevamente una patria; sus finalidades no eran pues económicas. Procedían en gran parte de Europa Oriental y estaban influenciados por los movimientos socialistas y revolucionarios de esa época y querían fundar una nueva sociedad. Al llegar a Palestina y después de varios intentos, fue evidente que era imposible la creación de un país mediante el esfuerzo individual, pues las condiciones naturales ofrecían grandes resistencias, la tierra sólo podía hacerse productiva mediante el riego del desierto, la desecación de los pantanos y el saneamiento, obras que sólo un esfuerzo colectivo podía realizar. Por otra parte, los recursos económicos eran escasos y había que defenderse de los ataques de tribus merodeadoras. Fue así, como producto de la necesidad, que nacieron las explotaciones colectivas y es en este ambiente que se formaron los partidos políticos y sus dirigentes.

Al declararse la independencia, dado el número y magnitud de los problemas, fue evidente que el país no podía darse el lujo de depender de la espontaneidad de una economía de mercado y además, la iniciativa privada no se atrevería a realizar inversiones en condiciones naturales y políticas tan adversas, la tarea quedaba en esta forma en manos de los trabajadores, prevaleciendo sobre el lucro, los grandes intereses colectivos. Siendo los partidos políticos de los trabajadores los más fuertes y estando imbuidos de ideas socialistas, la planificación encontró un marco político adecuado.

Resumiendo, pueden delinearse tres factores que hicieron factible la planificación:

1. El medio geográfico adverso, sólo podía ser puesto al servicio del hombre mediante el esfuerzo colectivo;

2. La necesidad de absorber en plazo corto una gran masa de inmigrantes;

3. La ideología y fuerza política de los trabajadores.

El último es decisivo, si se considera que la planificación es un proceso social y no meramente una técnica, ya que hizo posible establecer en la sociedad israelí las estructuras que permiten la elaboración y ejecución de la planificación, en especial la propiedad social de los medios de producción, en particular la tierra y el agua en el caso de la agricultura.

Las extensiones recuperadas del desierto y de los pantanos que constituyen la mayor parte de la tierra agrícola es propiedad del Estado. "La tierra pertenece a perpetuidad a su pueblo", y ésta sólo puede ser arrendada. Es este control del Estado sobre la tierra y el agua lo que hace factible un alto grado de planificación, pues le permite asignar estos factores en tal forma que: la producción se mantenga dentro de lo posible a un nivel que satisfaga las necesidades de consumo interno y de exportación, reduciendo a un mínimo los excedentes no utilizables y garantizar un nivel de ingreso en el medio rural que mantenga el equilibrio entre la ciudad y el campo. Lo anterior, la organización cooperativa de la comercialización y los subsidios, mantienen el equilibrio entre la oferta y la demanda, lográndose con ello un nivel de precios adecuado a los objetivos de la planificación.

EL PLANEAMIENTO INSTITUCIONAL DEL DESARROLLO

Se tiene en Israel una concepción humanista del desarrollo, al que se le define como "la acción que trae al hombre común la mayor felicidad", considerándose que intervienen en el mismo, tres factores fundamentales, a saber:

a) El "momentum económico", o sea el punto de partida del proceso económico, mediante una adecuada asignación de los recursos entre los diferentes sectores de la economía.

b) La distribución equitativa de los bienes y servicios entre la población, con un criterio esencialmente social.

c) La distribución física de las personas que propenda al equilibrio entre la ciudad y el campo y que es consecuencia de los primeros y que a su vez influye sobre los mismos.

Otra característica del planeamiento, en Israel, es que es un proceso continuo de perfeccionamiento, fruto de la experiencia y la realidad nacional y no solamente de la abstracción, tomándose en cuenta los elementos naturales, topografía, clima, etc., y humanos, demográficos, sociales, políticos, económicos, etc.

Es así como se llega a establecer el objetivo de la planificación agrícola: "fijar los principios rectores de la política económica del gobierno, a fin de crear en el sector agrícola, condiciones propicias para el desarrollo de una producción conveniente para el país y al mismo tiempo rentable para el agricultor".

El dilema de si iniciar el desarrollo por medio de la industria o la agricultura, quedaba resuelto por las necesidades del país, determinándose desde un principio que sería por la última. Además, la agricultura tendría que ser planificada por las razones siguientes: Necesidad de asentar a un gran número de inmigrantes en un período corto; producir suficientes alimentos para una población en rápido crecimiento, evitándose el alza del costo de la vida; racionalizar el uso del factor escaso: el agua; y finalmente, evitar la formación de excedentes; señalándose como prioridades en primer lugar la irrigación, siguiéndole por su orden el establecimiento de plantaciones, las construcciones rurales y por último, la vivienda.

LA PLANIFICACIÓN INTEGRAL O COMPRENSIVA

Es integral en dos sentidos, en uno, porque toma en cuenta la interrelación entre la agricultura, la industria y los servicios; y en otro, porque toma en cuenta todos los aspectos de la vida rural: económicos, sociales, institucionales, políticos y ambientales. La planificación integral es por naturaleza dinámica, existiendo una interacción entre el plan y su ejecución, surgiendo de la observación de esta última las modificaciones al plan original, en especial en aquellos aspectos que no pueden determinarse con exactitud de antemano, y que por lo tanto deben modificarse en su proceso de desarrollo, sin perderse de vista por supuesto el objetivo inicial, el cual en algunos casos deberá modificarse.

La planificación integral es definida por Weitz en la forma siguiente: "un continuo proceso que abarca varias etapas en rotación: a) determinación y formulación de los objetivos de proyecto de desarrollo, ya sean de naturaleza económica, socio-política, financiera o compleja; b) un estudio de los datos básicos necesarios para fijar todos los factores que afectan la micro y macro planificación; c) bosquejo de una política, que posibilite la canalización de los factores anteriormente mencionados hacia la meta prefijada; d) preparación para la etapa de ejecución, incluyendo los medios de organización a través de los cuales las autoridades de desarrollo habrán de poner en práctica el plan; e) actualización permanente de la etapa de ejecución, es decir, una observación continuada, a fin de comprobar la idoneidad del plan. Esto puede llevar a una modificación del plan original o a la alteración de sus objetivos".[4]

La planificación integral debe analizar, definir y resolver tres ciclos de problemas: a) el primero, que tiene un carácter económico, consiste en la asignación de los medios de producción entre las ramas de la agricultura, de acuerdo al plan nacional de desarrollo; b) el segundo consiste en la distribución de los medios de producción entre los distintos asentamientos y explotaciones de cada ramo, su finalidad es ante todo social, pues se trata de que el ingreso en la agricultura sea el mismo para todos los agricultores y que se mantenga a la par del incremento del ingreso medio en el país, siguiéndose como criterio que el agricultor tenga un ingreso equivalente al de un obrero especializado de la ciudad; c) tercer ciclo: su objetivo principal es mantener el equilibrio entre el campo y la ciudad en los aspectos cultural, económico, social, y evitar el éxodo rural.

PRIMER CICLO: DISTRIBUCIÓN DE LOS MEDIOS DE PRODUCCIÓN ENTRE LAS RAMAS DE LA AGRICULTURA

Los factores más importantes que considerar en este ciclo son las técnicas agrícolas, los precios y la capacidad del mercado local y la del de exportación.

Los aspectos de la técnica agrícola que se toman más en cuenta para la planificación en Israel son los rendimientos, la eficiencia del trabajo y el aprovechamiento del agua, tratando de aumentar los primeros, y de reducir las cantidades de agua por cultivo.

---

[4] T. Carroll, "Land reform as an explosive force in Latin America" en R. Stavenhagen (ed.) Agrarian problems and peasants movements in Latin America, New York, Anchor Books, 1970, p. 103.

El aumento de los rendimientos y la reducción de las jornadas por cultivo ha sido notable, superando las proyecciones de los planificadores, esperándose que mediante la mayor especialización y nuevas formas de organización que están en progreso, aumente el rendimiento del trabajo. En lo relacionado con el agua, se tiene un cuidado especial, pues es el recurso escaso, llevándose a cabo investigaciones que han permitido reducir el agua por cultivo sin desmedro de los rendimientos.

El procedimiento que se sigue para las previsiones es tomando como guía las granjas más eficientes, las que se comparan con las de rendimientos medios, viendo entonces los expertos, las posibilidades de aproximar los rendimientos de estas últimas a los de las primeras. En el caso de cultivos nuevos o para nuevas regiones, se aplican las normas de procesos y regiones similares, tomándose en cuenta los factores diferenciales. Estas estimaciones se van mejorando de acuerdo con la experiencia. Lo anterior permite hacer estimaciones sin esperar a que se hagan los cultivos y se vean los resultados, lo cual implicaría pérdida de tiempo.

Una vez estimados los rendimientos, la eficiencia del trabajo y las cuotas de agua necesarias por cultivo, se hacen las previsiones sobre los distintos ramos, asignándose los recursos de tal forma que cada cultivo se produzca en las granjas más adecuadas, según las condiciones humanas y naturales.

LOS PRECIOS

Para fines de la planificación, los precios de los productos agrícolas, en Israel pueden considerarse como un "dato", pues el gobierno ejerce un gran control sobre ellos, a través de su política económica, que por una parte toma en cuenta las necesidades del país y por otra, trata de garantizar al agricultor un nivel de vida adecuado. Es esta posición, como principal determinante del nivel de precios, lo que lo capacita a orientar el volumen de producción e influir en la rentabilidad de los cultivos. Esto se logra por medio de precios mínimos y máximos, subsidios, etc., por una parte, y por otra, mediante la asignación de normas de producción.

El mejoramiento continuo de la eficiencia permite reducir los costos de producción, con lo que es posible reducir los precios, abaratándose de esta manera los artículos destinados al mercado local, y mejorar la posición competitiva en el mercado exterior.

LA CAPACIDAD DEL MERCADO LOCAL Y LA DEL DE EXPORTACIÓN

Las necesidades locales se estiman multiplicando el número de habitantes por el consumo estimado per-cápita de cada producto en el año básico, haciéndose los necesarios ajustes de acuerdo con las variaciones en el ingreso, los gustos y los efectos de substitución de un producto sobre otro; como puede apreciarse, este método se basa fundamentalmente en la experiencia del pasado.

Para determinar las posibilidades de exportación, se realizan estudios sobre los diferentes mercados extranjeros y de lo que Israel está en capacidad de exportar. Los cálculos de exportación, al contrario de las necesidades locales, se basan sobre pronósticos. Los datos básicos son estudios sobre los diferentes cultivos exportables, determinación de las regiones más apropiadas para los cultivos e investigaciones sobre la introducción de nuevas variedades.

La experiencia ha enseñado que para que las exportaciones correspondan a las estimaciones, hay que ajustarse al calendario de exportación, pues es decisivo exportar en los períodos en que los productos alcanzan los mayores precios; respetar los gustos del consumidor extranjero produciendo las variedades adecuadas; exportar cantidades fijas de acuerdo a los compromisos contraídos con los importadores; alta calidad de los productos; reducir los costos mediante una gran producción, la selección de áreas de producción adecuadas en las cuales concentrar la producción, lo que permite la instalación de equipos de selección y embalaje en gran escala, que dan por resultado una disminución en los costos; la organización eficiente de todo el proceso de exportación, que abarca desde el cultivo, recolección, selección, empaque, transporte interno y externo, hasta que llega a manos del importador.

A pesar de los progresos en lo anterior, es muy difícil predecir con exactitud las posibilidades de exportación, ya que no se puede determinar lo que pasa en los países competidores como tampoco se conoce la situación política y económica de los países importadores y de las políticas que pudieran seguir con respecto a productos importados de determinados países.

Una vez establecidas las necesidades del mercado local y las posibilidades en el mercado exterior, como también las innovaciones a introducirse en la agricultura respecto a técnicas, uso del agua, etc., se establece el volumen de lo que ha de producirse en cada ramo agrícola, que es la esencia del primer ciclo, tratándose de: 1) lograr el mayor rendimiento por unidad de trabajo; 2) aprovechar al máximo el elemento limitativo que es el agua; y 3) contribución máxima a los objetivos nacionales.

La distribución de la agricultura por ramas se hace de acuerdo a las condiciones de clima y a las necesidades de una rotación adecuada. Por supuesto que esto requiere plantear una serie de alternativas, hasta que se determina aquella que es la más rentable para el productor y para el país y que además coincida con las condiciones agrotécnicas y las características de suelo y clima. Para simplificar se hacen algunos supuestos básicos: la producción avícola y ganadera queda determinada por la demanda del mercado local; la de hortalizas por la demanda del mercado local y el de exportación; y la de naranjales por las proyecciones de los mercados y por la prioridad que ocupan entre los cultivos.

También es necesario evaluar la rentabilidad relativa de cada ramo de acuerdo con tres factores, a saber: la del precio de la unidad de trabajo, influencia en la balanza de pagos y el uso óptimo del agua. En lo que se refiere a la balanza de pagos, al mismo tiempo que se estiman los ingresos provenientes de las exportaciones, se estiman los gastos en divisas extranjeras en que habrá de incurrirse.

Siendo factible conocer el incremento que se operará en el ingreso como consecuencia del desarrollo de la agricultura, es posible estimar la rentabilidad de las inversiones, para lo cual se calcula el monto de la inversión necesaria para el incremento y las efectuadas en cultivos permanentes que entran en producción.

SEGUNDO CICLO: DISTRIBUCIÓN DE LOS MEDIOS DE PRODUCCIÓN ENTRE LAS UNIDADES DE PRODUCCIÓN

Habiéndose determinado en el primer ciclo el programa de desarrollo de los ramos agrícolas, se pasa, tomando como base el anterior, al segundo ciclo, el cual trata de la asignación de los medios de producción entre las unidades agrícolas básicas. En esta forma se logra una coordinación con los programas nacionales y una planificación realista.

Para la microplanificación de la colonización se han establecido modelos teóricos o "tipos de granja" para cada una de las regiones del país, según sus condiciones particulares. Actualmente se emplean tres prototipos de la clase Moshav y tres del tipo Kibutz. En esta forma es posible obtener los datos necesarios para la planificación de la redistribución de los medios de producción, que es lo que se pretende en este segundo ciclo. Sirven como principios rectores para la introducción de modificaciones en los tipos de granja: lograr un nivel de ingresos adecuado para el campesino y la búsqueda de una creciente especialización, pues se considera que de ésta depende su eficiencia, su capacidad competitiva y su adaptación a la región.

Siendo el objetivo que el agricultor alcance un ingreso similar al de un trabajador urbano especializado, las unidades de producción se planifican para que en el período establecido se alcance ese nivel de ingresos.

El principio de especialización no es tomado en cuenta en su totalidad por el Centro de Planificación, pero algunos planificadores sostienen que la experiencia en Israel ha demostrado que de la especialización dependen en forma directa los aumentos en la productividad y el perfeccionamiento de las técnicas y que el incremento en el ingreso de la unidad agrícola, no podrá lograrse únicamente por medio del aumento de los medios de producción, sino que es necesaria la mayor especialización posible, reduciendo el número de ramos y aumentando el principal, conforme a las condiciones. De acuerdo con ello, se proponen los tipos de granjas: lechera, de cultivo y de naranjales, etc.

La repartición de los ramos agrícolas en unidades de producción, de acuerdo con los tipos Kibutz y Moshav, según Weitz, serían los siguientes:

1. Ramo lechero. En el Kibutz el número rentable de vacas se considera entre 80 y 120; en el Moshav 8 vacas por unidad. De acuerdo con las necesidades del país, se tendrían que eliminar 3,000 granjas que actualmente se dedican a la producción de leche, y dedicarse a otro tipo de producción. La repartición del ramo entre las granjas no implica necesariamente que serán preferidas las que en la actualidad se consideran las más eficientes, sino aquellas que de acuerdo con las condiciones puedan ser las más eficientes en el futuro.

2. Ramo avícola. Se supone que no subirá el consumo per-cápita en lo referente a la carne, pero sí un poco el de huevos; por lo tanto, el aumento de la producción se hará con relación al crecimiento de la población. Además, se prevé que se reducirán las exportaciones. Las cuotas de aumento se asignarán principalmente entre los Moshavin dándose preferencia a los de las zonas montañosas, lo mismo que a los Kibutzim de las mismas regiones.

3. Granjas de sembrados y granjas especializadas en cultivos de exportación. Se especifica que habrá de preverse una rotación de

cultivos de acuerdo con cada región, dando la experiencia la pauta para una distribución regional más detallada de la que ahora es factible, con lo que se originarán sub-tipos de granja. El mismo Weitz propone la creación de granjas que se dediquen específicamente a cultivos de exportación.

TERCER CICLO: DESARROLLO DE LAS ZONAS RURALES

Con este ciclo se completa el proceso de la planificación rural integral. Su objetivo es fundamentalmente el de armonizar el desarrollo rural y urbano, evitando los desajustes que todo proceso de industrialización y urbanización espontáneo traen consigo, tanto de carácter económico como social y que afectan en especial las zonas rurales. Viene a ser esta etapa el eslabón entre la planificación al nivel nacional y la planificación al nivel de la finca, quedando integrado el proceso en la forma siguiente:

1. Plan nacional de la agricultura, que es esencialmente económico.
2. Planeamiento regional, que combina el primero y el tercero.
3. Individual, población, que es esencialmente social.

Con lo que el planeamiento nacional viene a ser un mosaico del planeamiento regional y este último un reflejo de los deseos de la población.

El concepto tradicional de "colonización" que en Israel ha sido sinónimo de agricultura, por las necesidades mismas del desarrollo, se ha ampliado buscándose en la actualidad la integración apropiada de la agricultura, la industria y los servicios públicos. De esta manera, se pretende llevar los atributos y ventajas de la ciudad al campo, para evitar el rompimiento del orden rural, haciéndolo más atractivo y oferente de mayores oportunidades, con lo que las nuevas generaciones no tendrán que abandonar sus hogares para ir a la ciudad en busca de ocupación, pues encontrarán ocupación y esparcimiento en la vecindad inmediata. Tendrán también las mismas oportunidades de educación, mejores salarios, más horas de descanso, en definitiva, un ingreso y condiciones de vida comparables a los de la ciudad, y oportunidades de empleo no agrícola en la industria y los servicios. Otro aspecto importante es que, al integrarse la agricultura con la industria, al proporcionar ésta última trabajo a la población rural excedente, se evita el fraccionamiento de la propiedad; se amplía en las mismas zonas rurales el mercado para la producción agrícola, eliminándose las etapas intermedias entre la explotación agrícola y la fábrica; y se reduce la desocupación estacional.

Es así como se ha llegado a la planificación o colonización regional, que se define en la forma siguiente: "Es el cambio de una comunidad agrícola independiente, que se basta a sí misma, económica y culturalmente, a una estructura regional en la que cada comunidad o colonia es únicamente un eslabón en la cadena de comunidades establecidas, de acuerdo con un plan preparado con antelación".

En Israel se han establecido cuatro regiones, cada una de las cuales está subdividida en dos o cuatro distritos que se establecen de acuerdo a los recursos, vías de comunicación, etc. El distrito viene a ser la unidad de ejecución en el campo mismo, constituyendo un sistema compuesto por tres niveles: la aldea, el centro rural y el centro urbano.

La Aldea. Cada aldea está integrada por 60-80 granjas agrícolas y tiene un centro que incluye sinagoga, tienda de comestibles, guardería infantil, clínica, escuela primaria con dos grados, seguridad. Cada aldea desde el punto de vista cultural es homogénea, es decir, que sus habitantes tienen la misma cultura; no hay en una misma aldea, por ejemplo, judíos procedentes de Europa y de Marruecos, pues la práctica y estudios sociológicos han demostrado que la integración a este nivel da lugar a muchas fricciones, lográndose ésta en los centros rurales.

EL CENTRO RURAL

De cinco a seis aldeas vecinas, que en conjunto abarcan 400 unidades de granja, constituyen una comunidad mayor alrededor del centro rural, cuyas instituciones utilizan en común. La distancia máxima entre el centro de cada población y el centro rural no pasa de 3 kilómetros, distancia que no ofrece obstáculos a la vida comunal a este nivel.

Si en el centro de la aldea se establecen los servicios básicos, en el centro rural los servicios son de un tipo más elevado y que sólo pueden ser económicos a esta escala. Los objetivos del centro rural son:

1. Facilitar la fusión de los diferentes grupos culturales por medio de los servicios de tipo económico y social establecidos en el centro.

2. Proporcionar servicios más elevados que por su costo sólo pueden establecerse en lugares que sirven a poblaciones mayores.

3. Integrar a los profesionales y antiguos residentes con los inmigrantes, para que influyan sobre estos últimos en forma positiva.

4. Coordinar la labor de los profesionales que trabajan en la aldea.

5. Estimular la formación de un Consejo de Distrito integrado por representantes de los Comités de aldeas, que funcione en el centro.

6. La organización de servicios de extensión y de grupos de expertos.

Las Instituciones del centro rural son de tres tipos:

1. Instituciones de servicios productivos: estación de tractores; depósito de recibo y selección de verduras; talleres para el arreglo de maquinaria agrícola y equipo de trabajo; depósito de abono y semillas; y banco.

2. Instituciones de Servicios de Consumo: Proveeduría Central; dispensario con asistencia médica permanente; clínica dental.

3. Instituciones Municipales, de educación y cultura: oficinas del consejo zonal; escuela primaria; escuela nocturna para jóvenes y adultos; escuela secundaria; club juvenil; zona de deportes, canchas, pileta de natación, etc.; casa del pueblo para asambleas, representaciones y cinematógrafo; biblioteca; y centro de asistencia social.

EL CENTRO URBANO

Varias comunidades del tipo anterior, ligadas por el centro urbano que es el centro comercial e industrial, constituyen el Distrito. Es en el centro urbano en donde se concentran las actividades no agrícolas que proporcionan trabajo a la mano de obra excedente de las granjas, sin necesidad de que las abandonen.

Es aquí en donde se concentran las plantas para almacenaje, empaque, clasificación, mataderos, frigoríficos, desmotadoras, fábricas de alimentos concentrados, todo de acuerdo a la producción de la región y es también el lugar en donde se elaboran los productos en su etapa más avanzada, estableciéndose ingenios de azúcar; fábricas de papel, hilados y tejidos, de calzado, etc., que es lo que le da su carácter específico, a saber: *"ser un centro industrial en una estructura agrícola".

En forma esquemática, los tres niveles del sistema regional podrían representarse en la forma siguiente:

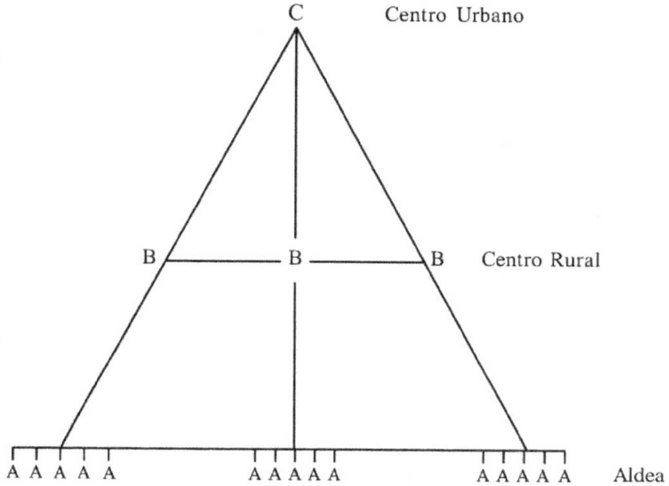

* que es lo que le da su carácter específico a saber: "ser un centro industrial en una estructura agrícola".

LA ORGANIZACIÓN PARA LA PLANIFICACIÓN

En Israel se acepta como necesaria la intervención del Estado en la agricultura, realizándose ésta a través de la planificación, que del nivel de la finca ha ido pasando al plano nacional. Existen varios puntos de vista en cuanto al procedimiento a seguir, así, algunos sostienen que el planeamiento debe ser con relación a cada ramo, lechero, frutales, etc., y otros que, por funciones, producción, comercialización, etc., teniendo cada uno su organismo.

El responsable de la planificación es el "Ministerio de Agricultura", el que asigna las cuotas de producción, una vez determinada ésta en unión de las Juntas de Producción y de Mercado Agrícola.

El organismo base es el Centro de Planificación, que cuenta con centros regionales y distritales que están en contacto con las fincas. Esta organización vertical, la que pone en contacto al organismo planificador con la unidad agrícola, lo que facilita en gran medida la planificación, pues establece una corriente de datos en ambos sentidos, viniendo de arriba la información sobre mercados, precios, etc., y de abajo hacia arriba los datos sobre rendimientos, costos, etc. Esta gran cantidad de información proveniente de las explotaciones hace factible el empleo de técnicas e instrumentos modernos de planificación, como la programación lineal. Tampoco debe olvidarse que también facilita el proceso el hecho de que el número de comunidades agrícolas es relativamente pequeño, 700 en total.

El trabajo de planificación en todos los niveles se caracteriza por ser en equipo, estando estos compuestos por expertos en diferentes especialidades: economía, sociología, agronomía, arquitectura, etc.; su dirección y coordinación están a cargo de un jefe de equipo, que debe tener experiencia especializada en planificación integral, y es quien toma las decisiones. En términos generales, las funciones del Centro de Planificación son las siguientes:

1. Preparar un plan anual de producción para cada región y colonia agrícola; distribuir las cuotas de producción, los microplanes que vienen de abajo son coordinados arriba.

2. Preparar plan quincenal, tanto éste como los anuales, son planes detallados. Proponer política de precios; esta función es la más delicada, y se considera que es la que más resultados proporciona al planificador. Para realizar esta función debe disponerse de:

a) Datos de costos de producción;

b) Información sobre el nivel de ingresos por regiones y por colonias;

c) Proyecciones de exportaciones;

d) Precios en el mercado exterior;

e) Política nacional sobre ingreso en la agricultura y en otros sectores;

f) Planes de exportación, que deben ser flexibles;

g) Datos sobre la elasticidad de la oferta y la demanda.

El organograma No.1 representa la organización del Centro de Planificación, pudiendo describirse la labor de cada sección en la forma que sigue:

1.- Departamento de Comercio Exterior. - Elabora los estudios de mercados, acuerdos comerciales, aranceles, etc. atiende diferentes transacciones con el exterior; prepara la lista de alicientes para estimular las exportaciones agrícolas.

2.- División de Planificación Rural Regional; elabora los planos regionales.

3.- Sección de Estudios y Asesoramiento Económico, Proporciona los estudios económicos y los datos estadísticos necesarios para la planificación, estando bajo su responsabilidad las estadísticas nacionales y regionales.

4.- Sección de Planificación Integral. - Se ha establecido unidades de planificación que se encargan de la investigación, planificación y del trabajo de extensión por ramo; por ejemplo, el equipo del ramo lechero está formado por un veterinario, un experto en alimentación de ganado, etc." Estos equipos trabajan y discuten al nivel de la finca y nacional, pero no toman decisiones, Se considera de gran importancia saber lo que está ocurriendo en el campo, fluyendo los datos de abajo hacia arriba, Se preparan dos planes: uno anual y otro quincenal.

5. Sección de Planificación Detallada. Es el eslabón que mantiene la relación entre el Centro de Planificación, las regiones y los agricultores, contándose con centros regionales y distritales hasta llegar a la finca, existiendo una corriente de datos en ambos sentidos.

En el esquema No. 1 se presenta un detalle de las actividades que realiza cada sección para la elaboración del plan anual y el quinquenal.

PLANIFICACIÓN FÍSICA

No basta con elaborar un plan y luego dejar que se realice espontáneamente; éste debe ser seguido por la acción, para así lograr su realización, lo cual exige dos cosas: el apoyo de las instituciones gubernamentales relacionadas con el proyecto y la participación decidida del pueblo, que es quien en definitiva lo ejecutará y se beneficiará de él.

La planificación rural tiene su expresión concreta en la planificación física, cuyo concepto es establecido en forma adecuada por Y. Rabinowitz, en la forma que sigue:

"Son numerosos y variados los elementos que en conjunto constituyen lo que se denomina 'Planificación Rural'. Son en parte naturales, tales como la topografía, el clima, la utilización de los terrenos, etc., y en parte humanos, tales como los aspectos demográficos y sociales, etc.

Estos elementos a veces se contradicen, a veces se complementan, pero en todo caso, todos deben hallar su expresión propia en la planificación física, y fundirse en ella, comenzando por la planificación integral del país, pasando por la planificación regional, la de la colonia y la planificación de los diversos sectores de cada una, hasta llegar a la planificación detallada de la granja y las construcciones correspondientes a la misma".

Este complicado proceso requiere de una organización y medios adecuados a las condiciones particulares de cada región, tanto físicas como humanas.

En el esquema No. 2 se muestran los pasos de la planificación física, siendo el procedimiento que se sigue el siguiente: La Agencia Judía y el Gobierno toman la decisión sobre la zona a desarrollarse, pasando luego esta decisión al Ejecutivo del Departamento de Colonización de la Agencia Judía. Simultáneamente se obtienen los fondos de la tesorería del Gobierno y de la Agencia Judía. El ejecutivo del Departamento de Colonización estudia el proyecto de acuerdo con su política agraria general y lo pasa a las direcciones y departamentos correspondientes al Departamento Técnico, iniciándose así el proceso de planificación física, el que a grandes rasgos sería el siguiente:

Primera etapa: mapas de agrimensura y un mapa aéreo a una escala de 1:5,000; mapa de uso de suelo: casas, frutales, campos de cultivo, etc. Este estudio está a cargo de la División de Planificación Agrícola. Estudio hidrológico preparado por la Dirección de Planificación de Aguas del Gobierno y la División de Planificación de Aguas de la Agencia Judía, y un estudio climatológico hecho por el Instituto Meteorológico.

Segunda etapa: en base a lo anterior se decide el número y tipo de colonias a establecerse y se asigna la tierra; esto lo realiza la División de Planificación Agrícola del Departamento de Colonización de la Agencia Judía. Como necesariamente han de considerarse otros aspectos, tales como la red de caminos, electricidad, salud, se toman en cuenta los puntos de vista de instituciones como el Departamento de Obras Públicas, Autoridades de Salud Pública, etc.

Tercera etapa: contando con toda esta información, el arquitecto encargado elabora un plan preliminar, que es presentado a una comisión interministerial con amplios poderes.

Cuarta etapa: se elabora mapa topográfico detallado, en el cual el arquitecto plantea su proposición en forma detallada del plano de la colonia, la cual es también sometida al comité interministerial, que puede aceptarla o introducir cambios.

Quinta etapa: preparación por el arquitecto, de un diseño detallado de la colonia, el cual es nuevamente examinado sobre el terreno y es la base para el desarrollo de la colonia.

Es en el Departamento Técnico (esquema No.2) en el que recae la responsabilidad de la planificación y ejecución. Es conveniente destacar que las colonias no se construyen en una sola etapa, sino que crecen gradualmente durante varios años, prolongando con ello las tareas del Departamento de Planificación, que debe seguir el plan de cerca, pues con el tiempo cambian las condiciones sociales y técnicas, con lo que el plan original debe irse adaptando de acuerdo con la evolución.

En cuanto a la división del trabajo, corresponde a las oficinas centrales del Departamento Técnico trazar la política de planificación y de edificación y ejercer la inspección en las oficinas del distrito, siendo estas últimas las que tienen a su cargo la ejecución, ya sea en la región, la colonia o la granja. Además, recopila y envía información vital para los programas y la política de la oficina central. Es por lo anterior que su organización es similar al de las oficinas principales, disponiendo además para la ejecución de las unidades ejecutoras propiamente dichas, es decir, los subdistritos.

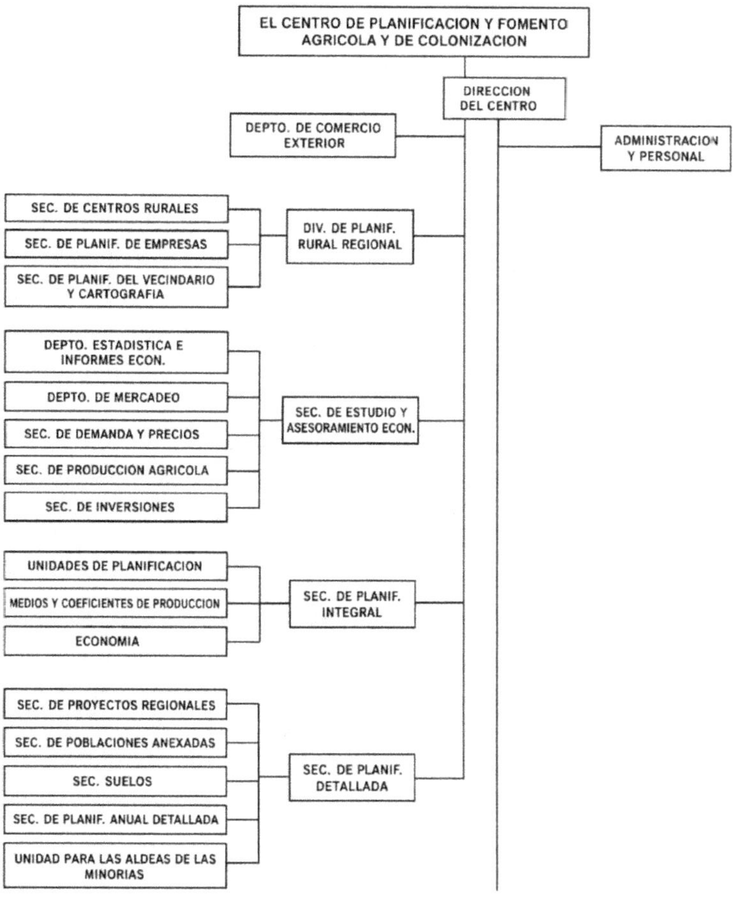

GRAFICO No. 2

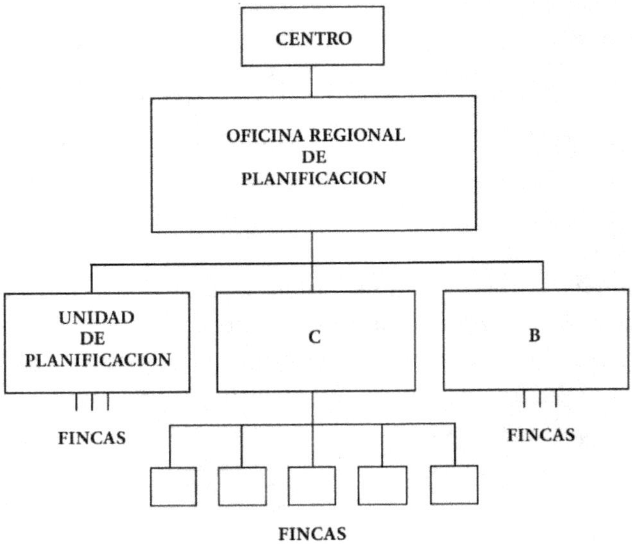

EL TRABAJO EN EQUIPO

El papel de la investigación en el planeamiento. Toda planificación, en sus tres ciclos, tiene dos aspectos: el teórico y el técnico, jugando en éstos un papel muy importante la investigación en diferentes campos del conocimiento humano.

A un nivel nacional existen centros especiales de investigación, lo mismo que al nivel regional.

A un nivel nacional corresponde al economista, basado en la información proporcionada por otras ciencias, preparar los estudios que han de usar la política nacional, tales como los referentes a la demanda, eficiencia en el uso de los recursos, localización apropiada de la producción, balanza de pagos, monto y rentabilidad de las inversiones, precios, costos, alternativas de producción, etc.

Pero es en la planificación de una nueva área en donde el concurso de diferentes especialidades es más evidente; es éste un trabajo de equipo y se emplean diferentes fuentes de información. En primer lugar, se realizan estudios geográficos: clima, características geológicas, fauna y flora, recursos hidráulicos, ubicación y superficie de la región, etc.

Desde el punto de vista económico debe estudiarse la región en relación a los mercados y vías de comunicación, los factores económicos limitantes, el tamaño adecuado de la explotación agrícola, plan económico de los cultivos, alternativas de producción, etc.

Mediante la experiencia en granjas experimentales, se determina el tipo de explotación más adecuado, se prueban diferentes razas de animales, tipos de cultivos, maquinaria, fertilizantes, etc. El objetivo que se persigue es determinar las variedades más apropiadas, los costos y los ingresos. El procedimiento es a grandes rasgos el siguiente: una vez obtenida una muestra de las variedades seleccionadas, se realiza un muestreo entre los comerciantes, para obtener su opinión sobre si fuesen aceptadas por el consumidor, si se adaptan al gusto del consumidor. En la tercera fase se promueve la producción en varias aldeas, sirviendo esta fase para obtener los datos sobre costos reales de producción, es decir, los que en la realidad tendrían los agricultores.

Si el producto es para la exportación, se hacen envíos comerciales al exterior, con lo que se establecen los precios que lograrían los productos y su aceptabilidad en diferentes mercados; en esta forma es factible corregir las fallas en cuanto a variedades, clasificación y además conocer los problemas particulares y verdaderos de cada mercado. Con la experiencia se hacen las modificaciones necesarias para ir reduciendo los costos, mediante la introducción de nuevas técnicas y maquinaria en las operaciones más costosas.

Cuando no se dispone de estudios preliminares o como complemento, se estudian las aldeas existentes en las zonas adyacentes a la nueva zona que se ha de colonizar, estudiándose las explotaciones según grupos de ingresos, su eficiencia, rendimientos, etc.

Los estudios sociológicos tienen una gran importancia en el planeamiento rural. En Israel el investigador no tiene poder de decisión, limitándose a proporcionar información exacta sobre los pobladores y estudiar los efectos de la política y de los planes que se siguen, lo que es un proceso constante de investigación. Según el Dr. Alex Weingrod en este campo hay cuatro problemas fundamentales: 1) la teoría social y política de la colonia; 2) elementos demográficos; 3) innovación y cambios sociales; 4) relaciones entre las autoridades y los planificadores con la aldea agrícola.

Un buen ejemplo de la utilidad de los estudios sociológicos lo constituye la experiencia sobre la integración de grupos étnicos diferentes, problema que se presentó en Israel, ya que los inmigrantes procedían de diferentes lugares del mundo, existiendo por lo tanto grandes diferencias culturales entre ellos.

En un principio se siguió una política de colonización heterogénea, pues se pensaba que en esta forma se lograría la integración rápida de los diferentes grupos étnicos, estableciéndose grupos de culturas diferentes en una misma aldea, ya que se suponía que en una comunidad pequeña se adaptaría fácilmente el hebreo, con lo que se actuaría sobre los hábitos y costumbres tradicionales, abandonándolos por nuevas formas de vida. No tardaron, sin embargo, en presentarse serios conflictos que hicieron que esta política fracasara en sus líneas generales.

Por lo tanto, en base a esta experiencia se optó por sacrificar la rapidez en la integración, adoptándose una política de colonización homogénea, según la cual, cada aldea sólo sería poblada por personas étnicamente iguales. En esta forma nacía una nueva teoría social, a saber, que la integración es un proceso lento, debiéndose, por lo tanto, sacrificar la rapidez en aras de una mayor estabilidad. Lo anterior no significaba la renuncia a la integración pues ésta se lograría en los centros rurales comunes, a través de los servicios públicos que sirven a las aldeas de diversos grupos étnicos, pero que en sí mismas son homogéneas.

Los estudios sobre la población son muy importantes, tanto desde el punto de vista económico como del social; por lo tanto, deben analizarse cuidadosamente las características demográficas de la población, para poder planificar la producción y los servicios. Así se tiene, por ejemplo, que la mano de obra potencial varía entre comunidades de acuerdo a la composición por edades, sexo, número de miembros por familia, etc.; estos factores determinan en parte la clase de cultivos que ha de producirse, seleccionándolos el planificador de acuerdo a las necesidades de mano de obra y el potencial de mano de obra existente.

La clase y calidad de los servicios también estará de acuerdo a la población; de esta manera una "escasez de población" puede limitar el establecimiento de ciertos servicios, teniendo que buscarse estos fuera de la comunidad en centros más grandes de población. Por otro lado, la "sobrepoblación" da origen a otra clase de problemas, como son el exceso de población en relación a los recursos locales, lo que tiene como corolario la presión para elevar el nivel de vida y la escasez de fuentes de trabajo, que en el campo da origen al fraccionamiento de la propiedad y al éxodo rural. Lo primero no ocurre en Israel, debido a disposiciones legales y a lo segundo se le está buscando solución, mediante la integración de la agricultura, la industria y los servicios.

Una población en aumento supone una planificación cuidadosa del número de edificios y servicios que ésta necesitará en el futuro, lo mismo debe decirse con respecto a la vivienda, pues si ésta no está de acuerdo a la estructura familiar, surgirán problemas en el seno de la familia, siendo necesario por lo tanto planificarla en tal forma que permita adaptaciones en el futuro.

Resumiendo, la población de cada aldea debe ser tal, que pueda realizar sus tareas económicas en forma eficiente y que permita que los servicios públicos se desarrollen en forma integral.

Para la introducción de innovaciones tecnológicas y cambios sociales, la organización de la sociedad debe tenerse muy presente, ya que su comportamiento variará, según se trate de una organizada en unidades familiares independientes o de una de naturaleza patriarcal, que se caracteriza por ser una organización basada en la familia ramificada y en el clan, ofreciendo resistencia a todo cambio que choque con su forma de vida tradicional. El no tomar en cuenta estas diferencias llevará al fracaso en la introducción de una nueva técnica y organización.

Tócale también al sociólogo determinar los efectos que tienen las decisiones de la administración y de otros elementos extraños a la comunidad sobre las relaciones sociales de la colonia, mientras ésta no es autónoma. Estas interferencias duran hasta el momento que se considera que la colonia puede manejar sus asuntos por sí sola. ¿Pero cuál es este momento? Con respecto a este asunto hay muchas vacilaciones, pues no puede determinarse exactamente cuándo la aldea ha alcanzado la madurez apropiada, cuándo es que ya no se corre el peligro de que pueda volver a sus formas tradicionales o fracasar. La administración debe encontrar la forma y el momento propicio para ir dándole, en forma gradual, una mayor autonomía hasta cuando no se corra el riesgo de que volverá a sus formas tradicionales, sino que seguirá en marcha el proceso de transformación, evolucionando hacia una forma de organización más eficiente.

Es en estos campos que la investigación en el campo social tiene mucho que aportar para establecer las causas del éxito o fracaso en la colonización.

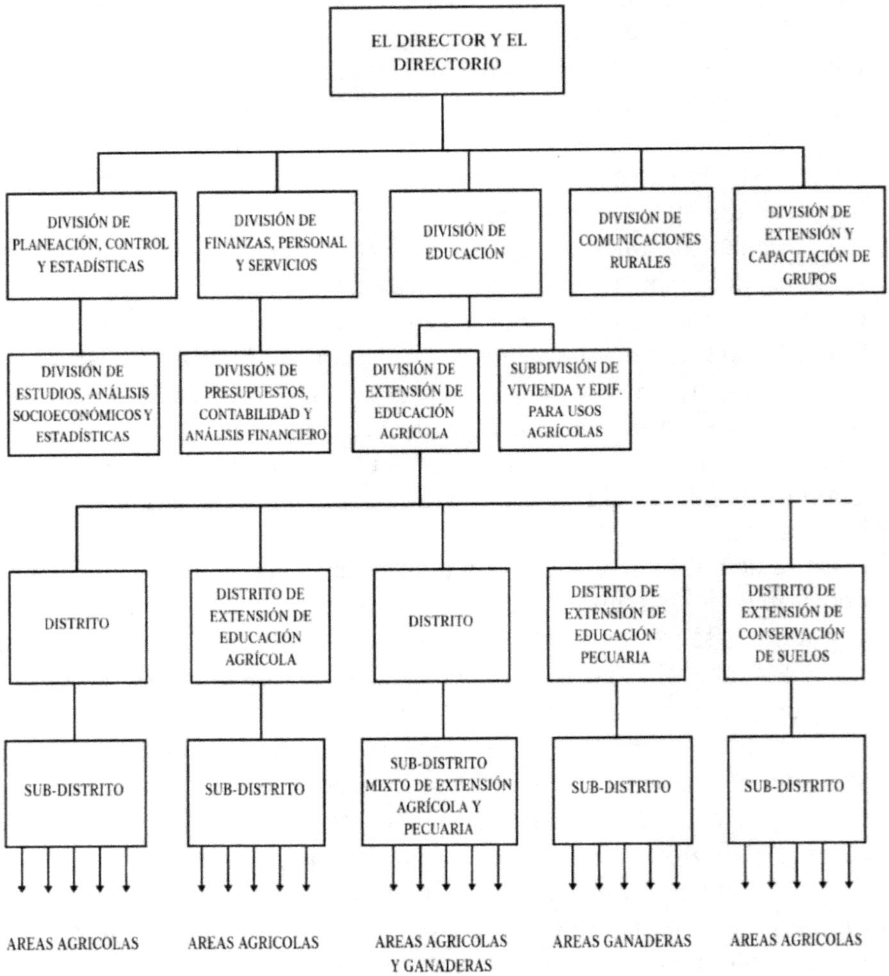
EL DIRECTOR Y EL DIRECTORIO
DIVISIÓN DE PLANEACIÓN, CONTROL Y ESTADÍSTICAS
DIVISIÓN DE FINANZAS, PERSONAL Y SERVICIOS
DIVISIÓN DE EDUCACIÓN
DIVISIÓN DE COMUNICACIONES RURALES
DIVISIÓN DE EXTENSIÓN Y CAPACITACIÓN DE GRUPOS
DIVISIÓN DE ESTUDIOS, ANÁLISIS SOCIOECONÓMICOS Y ESTADÍSTICAS
DIVISIÓN DE PRESUPUESTOS, CONTABILIDAD Y ANÁLISIS FINANCIERO
DIVISIÓN DE EXTENSIÓN DE EDUCACIÓN AGRÍCOLA
SUBDIVISIÓN DE VIVIENDA Y EDIF. PARA USOS AGRÍCOLAS
DISTRITO
DISTRITO DE EXTENSIÓN DE EDUCACIÓN AGRÍCOLA
DISTRITO
DISTRITO DE EXTENSIÓN DE EDUCACIÓN PECUARIA
DISTRITO DE EXTENSIÓN DE CONSERVACIÓN DE SUELOS
SUB-DISTRITO
SUB-DISTRITO
SUB-DISTRITO MIXTO DE EXTENSIÓN AGRÍCOLA Y PECUARIA
SUB-DISTRITO
SUB-DISTRITO
AREAS AGRICOLAS
AREAS AGRICOLAS
AREAS AGRICOLAS Y GANADERAS
AREAS GANADERAS
AREAS AGRICOLAS

ESQUEMA DE COORDINACION DE PLANIFICACION INTERDEPARTAMENTAL

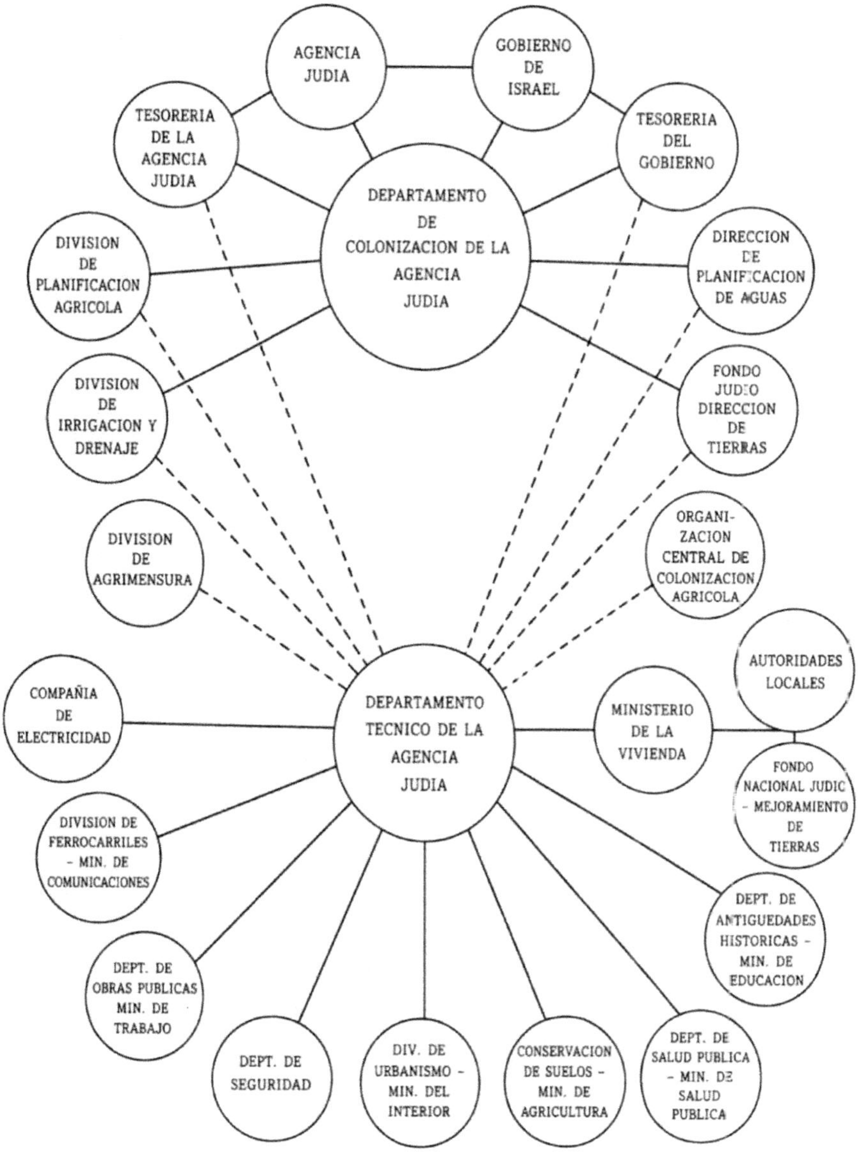

EL PROBLEMA AGRARIO, EL PROBLEMA URBANO Y LA INTEGRACIÓN DE LA CIUDAD Y EL CAMPO DE HONDURAS

Arturo Euceda Gómez[5]

I. EL PROBLEMA AGRARIO DE HONDURAS.

1.1 Preponderancia de la Agricultura en Honduras.

Honduras comprende un área total de 112.088 kilómetros cuadrados y una población, en 1961, según censo de ese año, de 1.884.765 habitantes.

Del área total dada, y según un informe de la FAO al gobierno de Honduras, son tierras agrícolas unos 15.240 kilómetros cuadrados; es decir, solamente un 13.6 por ciento del territorio nacional es completamente apto para la agricultura.

De 1.884.765 habitantes de Honduras según el censo mencionado, dentro de la población económicamente activa se consideraron 767.988 personas. Este es el grupo sobre el cual "recae la tarea de la producción de bienes y prestación de servicios para la subsistencia de la sociedad hondureña; así, de cada cien de estas personas que trabajan, además de producir los bienes necesarios para la satisfacción de sus propias necesidades, tienen que producir para la subsistencia de 221 personas más. Una carga económica de dos personas por cada una que es económicamente activa.

Del total de personas consideradas económicamente activas, se dedican a la agricultura 379.125. En cifras relativas, del 100 por ciento de personas económicamente activas el 66.7 por ciento se dedicaban a la agricultura. Dentro de la población económicamente activa, en 1961, participaban 494.717 hombres; de entre quienes 875.517 se dedicaban a la agricultura; en cifras relativas, del 100 por ciento de hombres económicamente activos, el 75.9 por ciento, en 1961, se dedicaba a la agricultura y ocupaciones afines; en las zonas rurales, la participación agrícola masculina es de 83.7 por ciento.

---

[5] Publicado en la revista Economía Política, abril-junio 1968.

La participación del sector agropecuario dentro del producto interno bruto, a costo de factores, ha oscilado, durante el período 1953/1963, en proporciones comprendidas entre 62.9 por ciento, en 1962 y el 68.2 en 1953. Como dentro de tal participación del sector agropecuario se incluye la producción agrícola de las compañías bananeras, orientada hacia la exportación y de financiamiento externo, se puede establecer una relación más estrecha y significativa tomando en cuenta únicamente el sector no bananero de la producción agrícola nacional cuya participación porcentual en el ingreso interno bruto en el período escogido, ha sido del orden de 32 por ciento, con escasas variaciones.

Si se considera el valor de la producción agrícola, en 1961, que fue de 354.4 millones de Lempiras de 1948, y la población económicamente activa dedicada a la agricultura, 379.125 personas, nos da un valor de la producción agrícola por persona del orden de 934.78 Lempiras; si se toma en consideración únicamente la producción agrícola no bananera, de 1961, que es del orden de 170.4 millones de Lempiras y la población económicamente activa agrícola, el valor por persona se reduce a 449.45 Lempiras. Dividiendo el valor de la producción agrícola entre el total de la población rural que era de 1.446.947 habitantes, la relación anterior se reduce a 244.93 Lempiras.

Es decir que a cada miembro de la población rural correspondían, en 1961, L. 244.93 y a la familia rural promedio correspondiente, 1,590.05 Lempiras durante 1961. Sin considerar los efectos de la concentración de la producción, esta cifra da un indicador de la deficiencia del ingreso por familia, pues estimaciones moderadas consideran que para mantener un nivel de vida familiar modesto en el área centroamericana, se requieren U.S.$ 1.375.00, o sea L. 2.750.00.

De acuerdo con las cifras preliminares del segundo Censo Nacional Agropecuario, levantado en 1965-1966 el área total cubierta por las explotaciones agrícolas es de 2.413.6 kilómetros cuadrados, lo que representa un 21.5 por ciento del territorio nacional; de dicha área en fincas, 531.705 hectáreas están dedicadas a cultivos transitorios y permanentes. Esta extensión, la utilizada en la producción de cultivos anuales y permanentes, representa un 22.0 por ciento de la superficie total dedicada a explotaciones agrícolas y un 4.7 por ciento del territorio nacional.

A una población rural, aproximada, de 1.703.219 personas, a fines de 1966, corresponde un promedio de 1.4 hectáreas por persona y únicamente 0.3 hectáreas de la superficie dedicada a cultivos transitorios y permanentes.

1.2 Regiones Geográficas:

La principal característica del territorio hondureño es su topografía irregular, montañosa, con pequeñas extensiones planas cerca del litoral atlántico y del pacífico y los valles de los grandes ríos, que son perpendiculares a las costas.

Un breve resumen sobre los factores determinantes de la tierra agrícola, suelo, humedad, clima y topografía, nos darán una visión del agro hondureño a través de una zonificación, en atención al factor climatológico. Véase mapa No. 1 que divide al país en siete zonas o regiones, a saber:

Zona A.

Esta zona comprende los Departamentos de Atlántida, Islas de la Bahía y la faja costanera de Cortés que incluye los municipios de Puerto Cortés y Omoa.

Relieve: La configuración de la superficie de esta zona está determinada por la llanura costera del Caribe y la cordillera de Nombre de Dios en su parte sur. En la llanura del Caribe las pendientes son menores del 10 por ciento y en la parte montañosa exceden del 45 por ciento. Con respecto a las Islas de la Bahía, éstas presentan un relieve plano con dos pequeñas colinas en Roatán. En Guanaja el relieve es un poco más accidentado, con una parte de llanura y una colina que alcanza los 415 metros de altura sobre el nivel del mar, siendo ésta la cima más elevada del archipiélago. La Isla de Utila puede considerarse como plana; las partes más altas no sobrepasan los 100 metros de altura.

Clima: En la parte que corresponde a las Islas de la Bahía y la llanura del Caribe, predomina el clima tropical lluvioso, caracterizado por lluvias copiosas hasta de cinco meses de duración, con cortos períodos semi-húmedos durante otros cuatro meses; la región de las tierras altas o montañosas se caracteriza por lluvias copiosas durante todo el año; en el mes más seco la precipitación es por lo menos de 6 cm. y hay aproximadamente 190 días con lluvia en el año, siendo la humedad media anual de 83 por ciento y la temperatura media anual de 20° centígrados.

Suelos: La mayor parte de los suelos de esta zona están clasificados dentro de los podzólicos rojo-amarillentos y litosol.

Están formados por colinas y montañas y son profundos, bien drenados; son suelos altamente ácidos desarrollados sobre rocas consolidadas. Se encuentran suelos aluviales en los valles de los ríos y cuencas entre las montañas, así como también, en pequeñas áreas de ciénagas y pantanos; estos terrenos son muy propensos a las inundaciones.

Vegetación: En la cordillera de Nombre de Dios y en las áreas aledañas predominan los bosques de hoja ancha siempre verdes y algún cultivo transitorio. En la llanura del litoral del Caribe encontramos grandes cultivos de banano, café, caña de azúcar, cítricos y otros cultivos.

Zona B.

Corresponden a esta zona los Departamentos de Colón y Gracias a Dios que constituyen la casi totalidad de la Mosquitia hondureña.

Relieve: La mayor parte de esta zona está comprendida en las tierras bajas del Caribe y son ligeramente onduladas; las pendientes son suaves; hay una regular cantidad de territorio montañoso definido por las Sierras de Nombre de Dios, La Esperanza, Agalta y los Montes de Colón que presentan fuertes pendientes. Las cimas más elevadas están en las Sierras de La Esperanza, la de Agalta y de Capiro y Calentura, al sur de Trujillo.

Clima: En las tierras bajas del Caribe predomina el clima tropical lluvioso, con lluvias copiosas todo el año; en Puerto Lempira se registraron en 1955, 255 días con lluvia y 2.372.4 mm. de precipitación. La temperatura media anual es de 27° centígrados y la humedad relativa media anual del 78 por ciento. En la parte interior hasta el Río Coco o Segovia, el clima es siempre tropical y lluvioso, pero con una precipitación más fuerte y un período semi-húmedo entre diciembre y abril, con una precipitación menor de 6 cm. por mes; la temperatura es similar a la de la llanura costera.

Suelos: En los valles que forman los ríos Aguán, Tinto o Negro, Paulaya, Plátano, Sicre, Patuca y Segovia, se encuentran suelos aluviales. Las riberas de las lagunas de Brus y Caratasca están formadas por suelos pantanosos expuestos a las mareas y suelos aluviales. Al sur y suroeste de la Laguna de Caratasca, los suelos son del tipo latosol y bajo gley húmico. La mayor parte del Departamento de Colón, excepto las márgenes del Aguán y el Paulaya, está constituido por suelos del tipo litosol.

Los suelos aluviales son geológicamente recientes, generalmente ácidos, los superficiales son limosos y arcillosos; los hay arenosos en menor escala. Los suelos pantanosos son salinos, húmedos, arenosos, los pantanos son debidos a las mareas.

Vegetación: La llanura del Caribe en la parte costera tiene una vegetación de pantano, de mangle y marisma, con denso crecimiento de arbustos, densas malezas y árboles pequeños. Los pantanos de agua dulce que están expuestos a las mareas son densamente boscosos, con una vegetación inferior de palmas de espiga larga, heliconias parecidas al banano, árboles pequeños, arbustos y enredaderas.

Zona C.

Esta zona comprende el Departamento de Cortés, excluyendo los Municipios de Omoa y Puerto Cortés; y además, aproximadamente el 60 por ciento de la parte norte de Santa Bárbara y el Municipio de Progreso en el Departamento de Yoro.

Relieve: En esta zona encontramos las llanuras que forman los valles de Sula y Quimistán en las cuencas de los ríos Ulúa y Chamelecón; el resto es montañoso, alcanzando mayores alturas en las Sierras de Merendón y Picos de Omoa. En las llanuras hay colinas dispersas que no sobrepasan los 420 metros de elevación.

Clima: En esta zona se encuentran tres climas: En la parte norte y noroeste de Santa Bárbara predomina el clima tropical lluvioso; en el resto de la zona el clima es tropical lluvioso y seco, y se encuentran pequeñas áreas diseminadas en la zona, con clima templado y húmedo. El primer clima tiene lluvia copiosa todo el año, y la temperatura media en el mes más fresco es poco mayor de los 18° centígrados.

El clima tropical lluvioso y seco tiene una marcada estación seca durante el invierno, que dura entre cuatro a seis meses, con menos de 6 cm. de precipitación mensual, usualmente de noviembre a abril; estación lluviosa de mayo a octubre, la temperatura en el mes más fresco es similar a la anterior. En las pequeñas áreas de clima templado húmedo, el invierno es seco, pero se tiene por lo menos diez veces más lluvia en el mes más húmedo del verano que en el mes más seco del invierno; el promedio de temperatura en el mes más fresco es menor de los 18° centígrados, pero mayor de 3°; el promedio de temperatura en el mes más caluroso es superior a los 10° centígrados.

Suelos: Los suelos del Valle de Sula son aluviales, en el Valle de Quimistán predomina el latosol y suelo de bajo gley húmico; los suelos de la Sierra del Merendón en el área fronteriza con Guatemala corresponden a los podzólicos rojo-amarillentos y litosoles.

Vegetación: La vegetación predominante es el bosque denso de hoja ancha siempre verde y algún cultivo transitorio en las tierras altas. Los valles están cultivados de bananos, café, caña de azúcar y otras cosechas.

Zona D.

Esta zona está formada por los Departamentos de Olancho y Yoro, excluido de este último el Municipio de El Progreso.

Relieve: Las llanuras existentes en el Departamento de Yoro son las comprendidas en los valles de Cataguana, Olomán, Yoro y el valle del Río Aguán. En Olancho se encuentran las llanuras de Catacamas, en la cuenca del Río Guayape; San Esteban en las márgenes del Río Negro; Dulce Nombre de Culmí y otras de menor tamaño. El resto del territorio de la zona es montañoso en una parte, en otra, predominan los cerros o colinas.

Clima: En la región de las llanuras predomina el clima tropical lluvioso y seco, mientras que en las montañas prevalece el clima templado y húmedo; al este y noreste de Olancho la característica climática es lluviosa y tropical.

Suelos: Los suelos de los valles de Cataguana, Aguán, Río Negro, el sistema Guayape-Guayambre y Río Coco o Segovia, son aluviales. Los valles de Yoro y Agalta tienen suelos del tipo grumosoles aluviales; el resto de los suelos son del tipo litosol.

Vegetación: La parte norte del Departamento de Yoro, el norte y noroeste de Olancho está poblada por bosque denso de hoja ancha siempre verde y algún cultivo transitorio; le sigue en extensión por la parte sur, el bosque abierto de coníferas siempre verdes y hoja ancha decidua con poca vegetación cultivada; una superficie menor en el valle de Cataguana y al sur de Juticalpa, poblada por bosques de hoja ancha decidua y chaparral, con alguna sabana y vegetación cultivada.

Zona E.

Esta zona comprende la parte norte del Departamento de Francisco Morazán, Comayagua, Intibucá y Lempira; la parte sur del Departamento de Santa Bárbara; el Departamento de Copán y el Municipio de Márcala en el Departamento de La Paz.

Relieve: Esta zona es montañosa, está dentro de las clasificadas como tierras altas del interior; entre las áreas catalogadas como llanuras se encuentran los valles de Otoro, Talanga, Siria, Vallecillo, Cucuyagua, ruinas de Copán y parte del Valle de Quimistán, en La Entrada, Copán; las áreas restantes presentan un relieve de cerro o colinas.

Clima: Los climas van desde el tropical lluvioso y seco hasta el templado y húmedo; el primero es característico de las partes bajas como los valles y las áreas cubiertas de colinas, el otro es típico de las regiones arriba de los 1.000 metros de elevación.

Suelos: Los valles de Talanga, Siria y Comayagua poseen suelos grumosoles y aluviales; el Valle de Otoro y parte del norte del Departamento de Intibucá posee suelos ando y litosol. El resto, o sea la mayor parte de la zona, está tipificada por suelos litosol.

Vegetación: La parte norte de Copán está cubierta por bosques densos de hoja ancha siempre verde y algún cultivo transitorio. El resto de la superficie de la zona está poblada por bosque de coníferas, siempre verde y hoja ancha decidua, poca vegetación cultivada, además, por bosques de hoja ancha decidua y chaparral, alguna sabana y vegetación cultivada; existen en menor escala bosques nebulosos de coníferas y de hoja ancha siempre verde.

Zona F.

Esta zona se extiende desde el Departamento de El Paraíso hasta Ocotepeque, al sur de la Zona E y la Zona D, limitada en su extremo sur por los Departamentos de Valle y Choluteca, que forman otra zona.

Relieve: La configuración de la superficie de esta zona es montañosa y corresponde a las tierras altas del interior; las cordilleras son de considerable altura. Dentro de las áreas clasificadas como llanuras, tenemos los valles de Jamastrán, Danlí, Yeguare, Comayagua y Sensenti, éste último es el de menor superficie; existe una región bastante ondulada entre Potrerillos y el Obraje en las márgenes del Río Choluteca, en el Departamento de El Paraíso, que posee una llanura considerable en Oropolí.

Clima: En esta zona sólo existen dos clases de climas bien diferenciados como en la anterior: el clima tropical lluvioso y seco como en Tegucigalpa, Nueva Ocotepeque, Morocelí y Danlí; en las tierras altas es templado y húmedo como en Erandique, Ojojona, Güinope y El Paraíso.

Suelos: Encontramos suelos aluviales en los valles de Danlí, Oropolí, Yeguare, El Zamorano y Río Coco. Los valles de Comayagua y Jamastrán están formados por suelos grumosoles y aluviales. La faja limítrofe con El Salvador y Guatemala en Ocotepeque, y del primero con los Departamentos de Lempira e Intibucá, la parte central de Lempira y La Paz, y los pequeños valles de Támara y Teupasenti tienen suelos del tipo ando y litosol; este suelo es también peculiar en los terrenos al sur del valle de Jamastrán. En las riberas del Río Choluteca, al sur de Potrerillos, el tipo de suelo es oscuro no cálcico, como en los Municipios de Vado Ancho, Texíguat y Liure. La mayoría de los terrenos de la zona son del tipo litosol.

Vegetación: Más o menos la mitad de la zona está poblada por bosques abiertos de coníferas siempre verdes y hoja ancha decidua, poca vegetación cultivada; en las regiones más bajas predomina el bosque de hoja ancha decidua y chaparral; alguna sabana y vegetación cultivada. Los bosques nebulosos de coníferas y de hoja ancha siempre verde son escasos en la zona; sin embargo, hay áreas cultivadas con caña, algodón, maíz y otras cosechas en los valles de Jamastrán, Danlí y Comayagua. Cultivos de café son notables en la parte sur del Departamento de La Paz y los Municipios de El Paraíso y Danlí.

Zona G.

Esta zona está formada por los Departamentos de Choluteca y Valle, colindando al sur con el Golfo de Fonseca y Nicaragua; por el este con Nicaragua y al oeste con El Salvador.

Relieve: En la faja costera del Golfo de Fonseca predominan las llanuras. En los Municipios de Goascorán, Aramecina, Caridad, Langue y El Triunfo, la configuración de la superficie es de cerros o colinas, bastante ondulado, pero sin elevaciones de más de 543 metros; el noreste de Pespire es montañoso, lo mismo que los Municipios de El Corpus, San Marcos de Colón y Morolica, que muestran elevaciones de 1.735 metros.

Clima: En la zona en mención el clima es bastante uniforme, está clasificado dentro del tropical lluvioso y seco; haciendo la salvedad del área de San Marcos de Colón, que es de clima templado y húmedo. En Choluteca la temperatura media anual es de 29. 3° centígrados, registrándose temperaturas mayores de 40° centígrados en el mes de Mayo; la humedad relativa media al año es del 47 por ciento; la cantidad lluvia en un año es un poco mayor de 130 centímetros. Los días lluviosos en el año son 65, en promedio. En Amapala la temperatura media anual es de 29. 6° centígrados, registrándose temperaturas extremas de 40° centígrados en el mes de Mayo; la humedad relativa media anual es del 62 por ciento, la precipitación durante el año es de 168 centímetros, registrándose 108 días con lluvia.

Suelos: Solamente se encuentran suelos aluviales en la región de Monjarás en el curso superior del río Choluteca; los suelos próximos al mar son pantanosos, expuestos a las mareas, y playas costeras y algunos suelos aluviales. Suelos grumosoles y aluviales se encuentran en las márgenes de los ríos Goascorán, Choluteca entre Apacilagua y Santa Inés, y el Río Negro entre El Triunfo y Palo Grande. En las tierras altas de San Marcos de Colón el suelo predominante es forestal oscuro subtropical, la parte restante posee suelo del tipo oscuro no cálcico.

Vegetación: En los pantanos expuestos a las mareas la vegetación es de mangle y marisma; en las tierras altas de San Marcos de Colón la vegetación característica es el bosque abierto de coníferas siempre verdes y hoja ancha decidua con poca vegetación cultivada; la demás vegetación de la zona está compuesta por bosque de hoja ancha decidua y chaparral; alguna sabana y vegetación cultivada. En la región de El Corpus hay extensiones considerables de cultivos de café. En el área de Alianza y los suelos aluviales del curso superior del Río Choluteca hay cultivos de algodón, maíz, caña de azúcar y otras cosechas.

Descritos los suelos que se encuentran en cada una de las distintas zonas, es conveniente considerar la potencialidad agrícola de ellos, siguiendo la clasificación reseñada así:

Los suelos aluviales tienen una productividad muy alta, son de los más fértiles y productivos del país, son naturalmente aptos para la agricultura intensiva mecanizada; en algunos casos con el control de las inundaciones y drenajes, además de la adición de fertilizantes nitrogenados, son capaces de producir altos rendimientos de arroz, forrajes y posiblemente otros cultivos adaptables.

Los suelos grumosoles y aluviales son de productividad media, tienen bastantes nutrientes y son bastante productivos, pero son difíciles de manejar, pesados para trabajar y al margen de humedad es muy bajo. Con manejo adecuado y el uso de fertilizantes nitrogenados, pueden soportar cultivos como caña de azúcar, maíz y maicillo.

Los suelos latosoles son de bajos a muy bajos en fertilidad; sus rendimientos pueden aumentarse con manejo adecuado y el uso de fertilizantes. Los planosoles son difíciles de manejar con éxito para la producción de cultivos, debido al horizonte poco permeable que restringe la profundidad y el crecimiento de las raíces.

Los suelos oscuros no cálcicos tienen productividad de mediana a muy baja, no son apropiados para cultivos anuales por tener pendientes muy inclinadas y peligro de erosión excesiva; pueden usarse para bosques y pastoreo limitado.

Los suelos forestales oscuro tienen la productividad de mediana a alta, son propicios para la agricultura intensiva y mecanizada, requieren labores de mejoramiento como remoción de piedras y monte; con buen manejo pueden dar altos rendimientos de cultivos adaptados.

Los suelos gley húmico son de baja potencialidad. Son bajos e inadecuadamente drenados y demasiado húmedos la mayor parte del año; deficientes en nutrientes; difíciles de manejar por ser plásticos y pegajosos al estar húmedos y muy duros cuando están secos. Con manejo adecuado, control del agua y corrigiendo deficiencias en nutrientes podrían dar rendimientos razonables en el cultivo del arroz.

Los suelos redzina son de potencialidad media. Bastante fértiles, pero poco profundos hasta la roca, lo que limita el crecimiento de las plantas de raíces profundas; son difíciles de manejar; cuando están húmedos son plásticos y pegajosos, cuando secos duros. Son adecuados para cultivos de raíces poco profundas y pastos.

Los suelos podzólico rojo-amarillentos y litosol son de baja potencialidad y están localizados en terrenos con demasiada pendiente para cultivos intensivos; sin embargo, cuando la pendiente es moderada son apropiados para el café y frutas perennes, lo demás es mejor para bosques. Los litosoles tienen poco uso agrícola futuro y deben estar y permanecer como zonas forestales.

Los suelos ando y litosol son de productividad baja, no apropiados para cultivos anuales debido a sus grandes pendientes; las tierras más altas y de menor pendiente pueden ser usadas para cultivos de frutales perennes y café. La mayor parte de esta tierra debe dejarse para bosque o pastoreo limitado.

Los pantanos expuestos a las mareas, las playas costeras y los suelos aluviales son de muy baja potencialidad. Se prevé muy bajo potencial agrícola para el futuro. Localmente es posible la producción de palmas y cultivos de subsistencia.

Probablemente el cultivo del arroz podría iniciarse y extenderse, pero tendrían que vencerse grandes problemas, tales como el control del agua, incluyendo el mantenimiento de la capa freática, para evitar que los suelos se sequen y la posible formación de condiciones altamente ácidas y tóxicas para el crecimiento de las plantas.

1.3 Distribución de la Población por Regiones Geográficas

Al reordenar los datos del censo de población de 1961, en atención a la zonificación climatológica aludida, se obtiene una distribución de la población que indica que el mayor conglomerado demográfico se encuentra en la Zona F. Es importante resaltar que en las zonas E, F y G en conjunto, se encuentra el 64.6 por ciento de la población total del país. Así, la mayoría de la población hondureña está ubicada en las regiones del sur, centro y occidente del país, mientras que en la parte norte, la región del litoral atlántico propiamente dicha, habita únicamente un 11 por ciento.

Hay que resaltar que los Departamentos de Olancho y Gracias, al oriente del país, dentro de la Zona D y Zona B, respectivamente, representan en conjunto una extensión superficial del 36.5 del territorio nacional y que la población censada en ellos representa únicamente el 6.5 por ciento de la población nacional, en 1961.

Es así que las zonas climatológicas hacia el oriente del país, la B y D, con los Departamentos de Colón y Gracias a Dios y de Yoro y de Olancho, respectivamente, cuentan con las densidades más bajas del país.

TABLA I

REPUBLICA DE HONDURAS

DISTRIBUCION DE LA POBLACION HONDUREÑA POR REGIONES GEOGRAFICAS, 1961

Regiones	Población	Porcentaje	Area en Kms2	Porcentaje	Densidad por Km2
A	154.181	8.2	6.233	5.6	24.7
B	52.809	2.8	25.505	22.8	2.1
C	248.803	13.2	6.242	5.6	39.9
D	210.877	11.2	31.371	28.0	6.7
E	426.133	22.6	16.520	14.7	25.8
F	561.880	29.8	20.876	18.6	26.9
G	230.082	12.2	5.338	4.8	43.1
	1,884.765	100.0%	112.088	100.0	16.8

TABLA II

REPUBLICA DE HONDURAS

POBLACION URBANA DENTRO DE LAS ZONAS

Región	Población Total	Población Urbana	%	Porcent. Poblac. Urbana Por Zona	Núm. de Lugares	Dist. por Zonas de la Pob.		
						URB.	RURAL	TOT.
A	154.181	64.137	14.6	41.6	7	3.4	4.8	8.2
B	52.809	4.499	1.0	8.5	2	0.2	2.6	2.8
C	248.803	107.946	24.7	43.4	15	5.7	7.5	13.2
D	210.877	25.920	5.9	12.3	8	1.4	9.8	11.2
E	426.133	43.721	10.0	10.3	15	2.3	20.3	22.6
F	561.880	165.543	37.8	29.5	11	8.8	21.0	29.8
G	230.082	26.052	6.0	11.3	6	1.4	10.8	12.2
	1,884.765	437.818	100.0	23.2	64	23.2	76.8	100.0

Dentro de las regiones la población está en su mayoría asentada en la zona rural, las zonas más urbanizadas son la A y la C, cuyas ciudades han aparecido bajo la influencia de la red ferrocarrilera y las plantaciones bananeras bajo un sistema algo desarrollado de capitalismo comercial.

1.3 El Sistema de Transporte

La característica quebrada, irregular y montañosa del suelo hondureño determina el elevado costo de la construcción de carreteras y del transporte, e incide en lo tardío de la movilización. Para 1963, según la International Road Federation, había en Honduras 3.357 kilómetros de carreteras y 1.297 kilómetros de líneas férreas.

Las líneas férreas instaladas en el país constituyen, en su mayoría, 89.9 por ciento, una red de comunicaciones dentro del sistema de plantaciones bananeras, que operan en la Costa Norte del país; la Tela Railroad Company posee así 626 kilómetros y la Standard Fruit Company posee 540 kilómetros. Los 131 kilómetros restantes de líneas férreas pertenecen al Ferrocarril Nacional de Honduras.

Las carreteras se componen de 342 kilómetros pavimentados, 2.080 kilómetros con revestimiento de grava, 685 kilómetros sin revestimiento, pero con drenajes, y 250 kilómetros sin revestimiento y sin drenajes. El resto del sistema de comunicaciones está formado por caminos de herradura.

El sistema de carreteras está orientado a unir los centros poblados más importantes; la mayoría de ellas convergen hacia Tegucigalpa, y están dificultadas por las tierras altas del interior del país. La Carretera del Sur parte de Tegucigalpa para interceptar la Carretera Panamericana a la altura de Jícaro Galán, y de allí se comunica con las fronteras de El Salvador y Nicaragua y las poblaciones de importancia relativa en la zona sur. La Carretera del Norte va de Tegucigalpa hacia Puerto Cortés, y se une con las del sector norte que convergen hacia San Pedro Sula. Las carreteras de Oriente y Olancho unen Tegucigalpa con Danlí y Catacamas, respectivamente. Únicamente la Carretera de Occidente no converge hacia Tegucigalpa y une algunas poblaciones del sector occidental del país con San Pedro Sula, yendo hasta la frontera de El Salvador y Guatemala, por más de un punto.

La configuración de la superficie del territorio hondureño, ver mapa No. 3, dificulta las comunicaciones, lo que unido a la dimensión de los poblados, a la poca diferenciación y monto de la producción, no ha puesto dinamismo alguno al ritmo de aumento de la red vial. Esto tiene como consecuencia la constitución de pequeñas regiones económicas y comercialmente aisladas, unidas ocasionalmente por caminos de herradura y cuyos habitantes utilizan animales de carga para el transporte de mercancías.

Este aislamiento impuesto por condiciones históricas y topográficas llevó a que el país fuera unido, desde después del segundo cuarto del presente siglo, por la vía aérea; como dijo un publicista: "EN HONDURAS SE PASÓ DEL LOMO DE LA MULA AL AVIÓN", haciendo alusión a que, sin la apertura de carreteras y el uso del automóvil, se utilizaba el avión en las comunicaciones con las principales cabeceras municipales del país. En 1963, como actualmente, el número de aeropuertos mayores en el país eran dos, el de aeropuertos secundarios de siete y de cincuenta y dos los aeropuertos menores, con únicamente una línea aérea nacional y varios servicios de táxis aéreos.

El servicio de transporte aéreo, así, se limita comercialmente a productos de alta densidad económica y de pasajeros.

Recientes datos indican que se ha incrementado considerablemente el número de vehículos motorizados de 1950 a 1962, la cantidad de vehículos se quintuplicó; para 1962 las cifras que se refieren a vehículos motorizados son las siguientes:

TOTAL	AUTOMOVILES	CAMIONES	AUTOBUSES	OTROS
16.255	7.706	6.366	2.122	61

Tales datos resaltan la importancia de las carreteras; cabe anotar que de los vehículos motorizados son los autobuses los que indican el mayor incremento en el quinquenio 1957/62.

El transporte por mar tiene importancia como sistema de comunicaciones del Departamento de Islas de la Bahía con el litoral atlántico y el comercio de cabotaje, y en el sur del país para comunicar el puerto insular de Amapala con la tierra firme hondureña. Puerto Cortés es el puerto de entrada de la mayoría de las mercancías importadas del exterior; los puertos restantes del litoral atlántico sirven zonas limitadas y tienen la característica de ser casi exclusivos de una empresa bananera, tal sucede con La Ceiba y Tela, administrados exclusivamente por la Standard Fruit and Steamship Co. y la United Fruit Co., respectivamente.

1.4 Tamaño y Tenencia de las Fincas Bananeras en Honduras

De acuerdo con las cifras preliminares del Segundo Censo Nacional Agropecuario, se tiene la siguiente distribución de las fincas según tamaño:

TABLA III

REPUBLICA DE HONDURAS

NUMERO Y SUPERFICIE DE FINCAS SEGUN TAMAÑO 1965-1966

TAMAÑO	Total de Fincas	Total de Superficie	Promedio %	Porcentajes Fincas	Superficie	Porcentajes Acumulados	
TODO TAMAÑO	178.361	3,452.933		100.0%	100.0%		
De 1 MANZ.	26.719	26.719	1	14.98	0.77	14.98	0.77
De 2	23.311	50.622	2	14.19	1.47	29.17	2.24
3	17.890	53.670	3	10.03	1.55	39.20	3.74
4	14.208	56.832	4	7.97	1.65	47.17	5.44
5 a 9	36.313	239.620	6.6	20.36	6.94	67.53	12.38
10 a 14	27.112	359.607	13.3	15.20	10.42	82.73	22.80
20 a 49	19.977	588.750	29.5	11.20	17.05	93.93	39.85
50 a 99	6.429	426.239	66.3	3.61	12.34	97.54	52.19
100 a 199	2.449	322.668	131.8	1.37	9.34	98.91	61.53
200 a 499	1.286	379.270	294.9	0.72	10.98	99.63	72.51
500 a 999	398	272.015	683.5	0.22	7.88	99.85	80.39
2.499	196	288.576	1.472.3	0.11	8.36	99.96	88.75
Y MAS	73	388.345	5.369.8	0.04	11.25	100.00	100.00

GRAFICO Nº 1

REPUBLICA DE HONDURAS

Concentración de la Tierra Mostrada en la Curva de Lorenz 1965-66

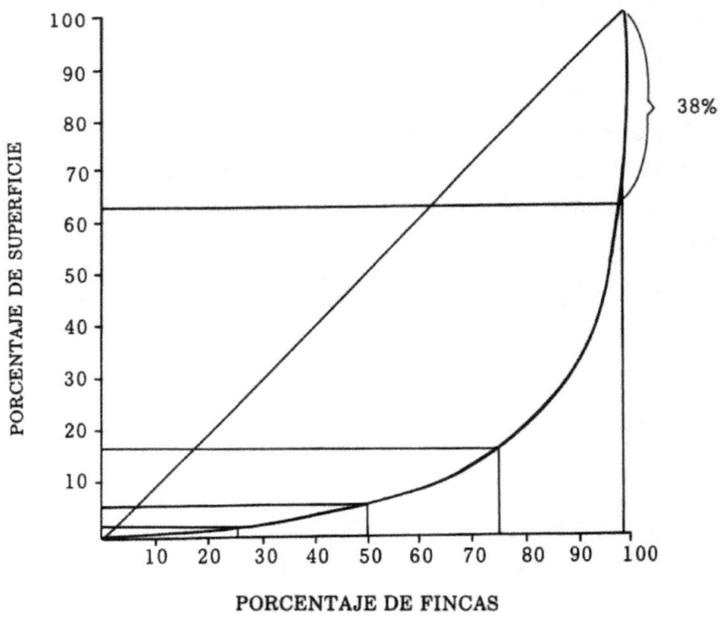

Fuente: Cifras preliminares II Censo Nacional Agropecuario

Dirección General de Estadísticas y Censos

Los datos insertos muestran la predominancia de la pequeña explotación y la concentración de la tierra en Honduras. Es significativo comparar los porcentajes extremos de la tabla: Las fincas de una manzana representan el 14.98 por ciento del total de explotaciones, y únicamente ocupan el 0.77 de la superficie en fincas, mientras que las fincas de 2.500 y más representan el 0.04 por ciento de las explotaciones y ocupan el 11.25 por ciento de la superficie en fincas. Ampliando un poco más: 69.920 fincas, el 39.20 por ciento del total de un tamaño de 1 a 3 manzanas ocupan 131.011 manzanas, un 3.79 por ciento del total; mientras que las fincas de 500 y más manzanas, 667, que representan un 0.37 del total, ocupan 9.48 manzanas que representan un 27.49 por ciento de la superficie en fincas.

El gráfico número 1, Curva de Lorenz, nos indica el grado de concentración de la tierra. Así podemos leer que en los puntos C, C1 y C2,

el 25 por ciento de las fincas menores ocupa el 2 por ciento de la tierra,

el 50 por ciento de las fincas menores ocupa el 7 por ciento de la tierra,

el 75 por ciento de las fincas menores ocupa el 17 por ciento de la tierra,

mientras que, tomando el 1 por ciento de las fincas mayores, nos encontramos que éstas ocupan el 38 por ciento de la tierra en fincas.

En cuanto a las formas de tenencia de la tierra, predomina, entre todas las formas, la ejidal, la arrendada y la propia. Por no disponer de los datos cruzados de tenencia y tamaño de las fincas no podemos medir, o por lo menos tener un indicador, de la tendencia y tamaño de las fincas como factor social que limita el uso de la tierra; sin embargo, la predominancia de las pequeñas explotaciones es ya, de por sí, un indicador de la capacidad insuficiente, por la limitación de la superficie, para producir la alimentación de la familia campesina y los excedentes necesarios para obtener vestuario, educación y salud.

1.5 Algunas Características de la Población Económicamente Activa.

Si se observan los datos aportados por el Censo de Población de 1961, en lo referente a las características económicas, tenemos que a la agricultura, actividad correlacionada con lo rural, se dedica un 65.9 por ciento de la población económicamente activa, de ambos sexos, un 75.1 por ciento de la masculina y 3.9 por ciento de la fémina. Considerada la población económicamente activa rural únicamente, la participación agrícola es de 83.7 por ciento.

TABLA IV

REPUBLICA DE HONDURAS

POBLACION ECONOMICAMENTE ACTIVA AGRICOLA POR OCUPACION Y SEXO, 1961

OCUPACIONES	Ambos Sexos 374.222	Masc. 371.348	Femenino 2.874	Distribucion de la Población Económicamente Activa, por Ocupaciones Ambos Sexos 100.0%	Masculino 100.0%	Femenino 100.0%
Patronos	5.749	5.443	306	1.5	1.5	10.6
Empleados de Gobierno	265	262	3	0.1	0.1	0.1
Empleados Particulares	99.121	98.498	623	26.5	26.5	21.7
Trabajador Independiente	179.115	177.876	1.239	47.9	47.9	43.1
Trabajador Familiar	89.965	89.262	703	24.0	24.0	24.5
Otros	7	7	-	-	-	-

El total de personas ocupadas en la agricultura, de acuerdo con los datos del censo de población, fue, en 1961, de 374.220, de los cuales menos del uno por ciento son mujeres. Distribuida por categorías de ocupación, la población económicamente activa agrícola masculina, Tabla IV, columna quinta, muestra una preponderancia 47.9 del grupo clasificado como "Trabajador independiente", o sea que hay una predominancia en la agricultura de personas que explotan su propia "empresa", que ejercen su ocupación de agricultor, sin tener empleados remunerados. Este grupo representa a jefes de familia y trabajadores adultos al frente de su parcela, bajo ese sistema de capitalismo precario que el investigador Soltax llamó "Capitalismo del Centavo".

El grupo de trabajadores independientes está relacionado con el de "trabajadores familiares no remunerados", es decir, con aquellas personas que trabajan para un miembro de su propia familia, sin recibir ningún pago, y lo hacen con un pariente al frente de una pequeña finca.

Estos dos grupos en conjunto representan el 72 por ciento de la población económicamente activa agrícola masculina.

Es insignificante 1.5 la proporción de "patronos" agrícolas, quienes son los dueños de las tierras destinadas a la agricultura y la ganadería, pues el término "patrono" implica la propiedad y el control sobre la tierra.

El número de personas que en 1961 trabajaban por cuenta de un patrono y mediante el pago de un salario representaba un 26 por ciento de la población económicamente activa masculina. Esta población asalariada se encuentra contratada en las plantaciones de bananos, al norte del país, en las haciendas ganaderas y en las plantaciones de café principalmente. El carácter esencialmente agrario de la población económicamente activa y el incipiente desarrollo industrial del país inciden en la estructura de la población trabajadora afiliada a sindicatos: de 21.966 personas sindicalizadas, 12.419, o sea un 56.7 por ciento del total, se dedica a la agricultura.

1.6 Características Económicas de las Diversas Formas de Tenencia de la Tierra

Si bien se ha dado una explicación sobre las formas de tenencia, propia, ejidal, arrendada, etc., es importante que las formas de tenencia de la tierra sean agrupadas en tipos de unidades de explotación agrícola para comprender su funcionamiento económico, base determinante de todo régimen social; así, la producción agrícola hondureña tiene lugar en la pequeña propiedad, minifundio, de gran profusión y escasa extensión superficial, en las haciendas ganaderas, en las plantaciones de cultivos comerciales de propiedad de nacionales y, en las grandes plantaciones bananeras, propiedad de compañías estadounidenses.

Las unidades agrícolas de mayor profusión en Honduras son las unidades clasificadas como "minifundio" y "pequeña propiedad"; las que se ha dispuesto diferenciar entre sí atendiendo a su capacidad de producir la subsistencia de la familia campesina, pero en las cuales esto difícilmente se logra. Estos dos tipos de explotación son de gran importancia social por cuanto en ellas vive y "produce" más de las cuatro quintas partes de la población rural del país, que obtiene una producción promedio anual que no excede los L. 500.00.

La hacienda es una unidad económica que se ha perpetuado abarcando grandes extensiones, para el abastecimiento de pastos, tierras de cultivo, maderas, integrándose a manera de una economía autosuficiente y con una fuente de mano de obra en la población asentada en tierras aledañas o en las mismas de la hacienda y dependiente del hacendado y de la hacienda por un sistema social que va desde el reconocimiento de parentesco, aunque lejano o de compadrazgo, hasta un dominio, casi general, enraizado en la situación económica y política.

Es en las haciendas, en las pocas grandes haciendas del país, donde aparece la aparcería como forma especial dentro de los regímenes de explotación de la tierra, en donde el campesino "explota terrenos que ha tomado de otro, obligándose a pagar un precio proporcional en las cosechas, como, por ejemplo, 1/4, 1/3 o 1/2 de las cosechas o el valor correspondiente en dinero", según la definición dada al respecto en el Primer Censo Agropecuario de Honduras 1952.

En cuanto a las plantaciones bananeras es útil recordar que en el proceso de exportación de capitales, que caracteriza a la pujante economía de los Estados Unidos de Norte América, desde finales del siglo XIX, Honduras fue campo propicio para la inversión extranjera que hizo surgir el enclave "moderno y extranjero" en la débil e incipiente economía nacional con las plantaciones bananeras del sector norte del país, fortalecidas a base de concesiones, franquicias y prebendas obtenidas de distintas administraciones públicas, durante el presente siglo. Se caracterizan dichas plantaciones por ser eminentemente comerciales, exportadoras de banano hacia el mercado de los Estados Unidos de Norte América, por ser las mayores empleadoras privadas del país, y de utilizar toda la técnica moderna en el cultivo, recolección, empaque y transporte del banano; son estos los intereses de prominente posición dentro de la economía nacional.

Siendo las plantaciones bananeras las unidades económicas que concentran, a través de la historia, el mayor volumen de población económicamente activa asalariada se dio en ella la batalla de los trabajadores por salarios más altos y mejores condiciones de vida y trabajo, recuérdese si no, la huelga de 1954, y, en ellas se ha dado, siempre, la utilización de técnicas avanzadas, la mayor mecanización y un sistema de asistencia médica, educativa y de saneamiento ambiental, que si bien no perfecta, ha dado algunos, muy pocos, buenos resultados, y los trabajadores se quejan, especialmente, de la asistencia médica por las recetas únicas, a manera de panáceas, dadas para todas sus dolencias.

Las plantaciones bananeras caracterizan una economía agraria con grandes oportunidades de empleo en servicio, orientada a la producción para mercados exteriores que ejercen influencia en el ritmo de la producción y por ende en el nivel de empleo de la fuerza de trabajo nacional que vive dentro de la red de relaciones patrono-trabajador de las mismas plantaciones. Es la parte del sistema económico hondureño de estructura eminentemente capitalista.

Tres tipos más de plantaciones existen en la actualidad en Honduras, las dedicadas al cultivo de la caña de azúcar, del algodón y las dedicadas al café; estos dos productos últimos son destinados a la exportación, dentro de las cuales representan en conjunto alrededor de la quinta parte del valor de las exportaciones totales enviadas hacia el "resto del mundo". Las plantaciones de caña están unidas a "usos industriales", para la producción de azúcar en el Valle de Sula y Quimistán y para producir panela y aguardiente en el resto del país.

Son estos tipos de plantaciones las que determinan dentro del territorio nacional "las migraciones golondrinas" de escaso volumen, cuando es la época de la zafra, o corte de caña, y de la recolección del algodón y del café.

Como ya se ha dicho, las plantaciones bananeras están ubicadas en la parte norte del país, sobre todo en sectores de los valles de Sula y el del Valle del Río Aguán; las de caña en el Valle de Sula y varios valles de occidente, oriente y sur del país; las de café sobre todo en los Departamentos de El Paraíso, Santa Bárbara y Comayagua.

1.7 Los Salarios en el Campo

En 1961, según datos censales, había en Honduras 5.685 patronos rurales, esto es dueños de la tierra que ejercen control de la producción y 131.012 asalariados, de los cuales 12.196 estaban al servicio del gobierno y 11.816 al servicio de los patronos rurales.

Como industrias, en la zona rural, han sido clasificados algunos aserraderos, ingenios azucareros, enlatadoras de alimentos marinos y empresas dedicadas a la extracción de resinas que son las unidades en el campo, que pagan salarios fuera de la actividad agrícola.

Las compañías bananeras del sector norte, las mayores empleadoras privadas del país, pagan salarios, por actividades agrícolas propiamente, a un poco más de cinco mil trabajadores; dichos salarios son a destajo, y/o por día y está sujeta su percepción, desde luego, el empleo estacional en el cultivo, vigilancia, riego y cosecha del banano. Otra característica de dichos salarios pagados por las empresas bananeras es que son contractuales, previamente determinados mediante convenio colectivo de trabajo entre las empresas y los sindicatos respectivos.

Los trabajadores de las compañías bananeras, de algunos aserraderos y de algunas plantaciones de escasa extensión gozan de la protección sindical, que al menos sirve de encuadramiento organizado para formular reclamos ante los patronos. La gran mayoría de los asalariados rurales no goza de las ventajas que pueden obtenerse dentro de las organizaciones sindicales, ni de la seguridad social.

La participación de los asalariados, lo que se suele llamar el "salario relativo", dentro del ingreso nacional se mantiene alrededor de un 50.0 por ciento, con escasas variaciones; el ingreso nacional se divide en Honduras, entre los asalariados y las empresas, casi en partes iguales, si se considera que aquellos son más numerosos que éstas se tiene una idea de la concentración del ingreso.

Las estadísticas oficiales no dan información sobre salarios rurales y salarios urbanos, pero aquellos, por regla general, son más bajos que éstos; el salario rural, el pagado en la agricultura y la ganadería, es bajo y permanece estancado, los salarios por día en la zona rural, usualmente son del orden de L. 1.50 o de L. 2.00, y a veces es de L. 1.00 y la comida, y los salarios mensuales oscilan entre L. 30.00 y L. 60.00.

II. EL PROBLEMA URBANO DE HONDURAS

2.1 El Sector Urbano Hondureño

Tradicionalmente en Honduras, como en muchas otras naciones, han sido considerados como urbanos todos aquellos lugares con funciones de cabeceras municipales; predominaba así en el criterio de urbano el desempeño de funciones puramente administrativas. En el censo de población de 1961 se optó por un nuevo criterio y se definió previamente, como zona urbana "los centros poblados con 1.000 habitantes o más y que tengan además los siguientes servicios: 1) escuela primaria completa 6 grados; 2) por lo menos uno de los servicios siguientes: correo, telégrafo o teléfono público; 3) comunicación terrestre carretera o ferrocarril o servicio regular aéreo o marítimo; 4) servicio de agua de cañería; 5) servicio de alumbrado eléctrico".

La definición adoptada así incluye dos criterios, uno del monto demográfico y otro de algunos servicios de que puede disponer una comunidad; con este criterio, sesenta y cuatro poblaciones hondureñas, fueron consideradas urbanas, con 437.810 habitantes, que representan el 23.2 por ciento de la población total de Honduras, en 1961.

Los lugares considerados urbanos son predominantemente de pequeña dimensión en cuanto a su monto demográfico y únicamente trece de ellos exceden a los cinco mil habitantes; de estos trece lugares con cinco mil y más habitantes, seis están ubicados en la Costa Norte con una población total, según datos de 1961, de 137.837 habitantes 31.5 por ciento de la población urbana, Tegucigalpa, la ciudad capital, al centro del país, con un 30.6 por ciento de la población urbana y otros seis lugares distribuidos por el occidente, centro, oriente y sur del país, con 10.8 por ciento de la población urbana. Nótese que los 51 lugares restantes considerados como urbanos, agrupan únicamente 27.1 por ciento de la población urbana.

TABLA V
REPUBLICA DE HONDURAS
POBLACION URBANA, SEGUN TAMAÑO DE LOS LUGARES · 1961

TAMAÑO.	NUMERO DE LUGARES	POBLACION URBANA	NOMBRE DE CIUDADES De 5.000 y Más Habitantes	Distribución Porcentual de la Población Urbana
TODO TAMAÑO	64	437.818		100.0
1.000 - 1.999	28	41.881		9.6
2.000 - 2.999	10	23.629		5.4
3.000 - 3.999	7	21.719		5.0
4.000 - 4.999	4	31.253		7.1
5.000 - 5.999	5	6.983	Siguatepeque	1.6
6.000 - 6.999	6	6.290	Danlí	1.4
7.000 - 7.999	2	15.156	Santa Rosa, y Juticalpa	3.5
8.000 - 8.999	1	8.473	Comayagua	1.9
9.000 - 9.999	1	8.412	San Pedro Sula	1.9
10.000 - 12.499	2	11.483	Choluteca	2.6
12.500 - 14.999	2	17.416	El Progreso, y Tela	4.0
15.000 - 17.499	1	14.699	Puerto Cortés	3.3
17.500 - 24.999	2	24.999	La Ceiba,	5.7
25.000 - 29.999	1	29.999	Tegucigalpa	6.8
30.000 - 99.999	1	131.075		30.0
100.000 - Y MAS	1	99.999		22.9

2.2 El Complejo Urbano de la Costa Norte

El complejo urbano de la Costa Norte está formado por las ciudades de San Pedro Sula, La Ceiba, Puerto Cortés, Tela y El Progreso, de la segunda a la quinta ciudad del país, y la Villa de La Lima, entre los lugares urbanos con menos de 5.000 y más habitantes; además de contar con dieciocho lugares urbanos con menos de 5.000 habitantes, de los cuales diez se encuentran en el Valle de Sula, centro geográfico de gran importancia económica en el sector norte del país.

Los lugares urbanos del sector del Valle de Sula están conectados entre sí por medio de la red del Ferrocarril Nacional de Honduras y de la Tela Railroad Company y por una red vial adecuada y funcional y se comunican, en igual forma, con las poblaciones de la llanura costera del Departamento de Atlántida, Tela y La Ceiba, además de tener comunicación aérea interurbana por medio de la Compañía Servicio Aéreo de Honduras, S.A., conocida por las siglas SAHSA.

Todos los lugares urbanos del norte, aún aquellos que no son puertos, desempeñan el importante papel de ser centros de transportación, de tener facilidades administrativas, facilidades para el mantenimiento de ferrocarriles, altos niveles de comercio, instalaciones manufactureras y algunas comodidades para la vida, y forman el área de influencia económica y social de las plantaciones bananeras y de instalaciones ferroviarias, con las cuales surgieron y fortalecieron su existencia.

San Pedro Sula. La segunda ciudad del país y la primera en cuanto al comercio y la industria nacional está estratégicamente situada en relación al comercio de importación y exportación y al comercio interno desarrollado en la Costa Norte; esta favorable ubicación económico-geográfica es un factor de atracción, tanto para la inversión como para la migración interna.

La Ceiba. Es una población de influencia económica en un área geográficamente casi aislada e independiente en la región central del sector norte del país, comunicada hacia el interior con los campos bananeros y centros urbanizados por medio del ferrocarril de la Standard Fruit Co. y con el exterior por medio de una flota marítima directamente conectada con las actividades bananeras.

Puerto Cortés, la cuarta ciudad de Honduras, es el principal puerto de embarque de bananos, madera, etc., y de entrada de las mercancías extranjeras, es el punto de partida de la red del Ferrocarril Nacional de Honduras, que se conecta con la línea férrea de la Tela Railroad Company, y cuenta, además, con comunicación por carretera hacia el interior del país, vía San Pedro Sula y hacia el occidente del litoral atlántico.

El Progreso. Es considerado "centro mercantil local para las plantaciones vecinas de bananos y naranjas", comunicado con el litoral propiamente dicho y con San Pedro Sula por carretera; las líneas férreas instaladas tienen el mismo fin.

Tela, la sexta ciudad del país, está formada por dos zonas geográficamente separadas por el Río Tela, pero histórica y económicamente diferenciadas por ser Tela Nueva, zona de las instalaciones de la Tela Railroad Company y Tela Vieja, el poblado tradicional crecido bajo la influencia de la actividad bananera, y de la cual, en conjunto, depende el ritmo de la vida misma en ambas zonas de la ciudad-puerto de Tela, que en la actualidad, en receso la actividad bananera, se ve un decaimiento general, sobre todo en el sector de Tela Nueva.

La Lima. Esta villa, que forma parte del término municipal de San Pedro Sula, es el centro administrativo de la Tela Railroad Company y el mercado para las plantaciones bananeras vecinas. Dividida, siguiendo el patrón de Tela, en Lima Vieja y Lima Nueva, tiene dos sectores diferenciados: el primero de desarrollo tradicional y el segundo determinado por la presencia de la empresa bananera que ha hecho instalaciones hospitalarias, educativas y viviendas para sus empleados, siguiendo un tipo uniforme de diseño y color que aquí, como en Tela y otros lugares, identifica lo que es de la Tela Railroad Company.

Los lugares urbanos, menores de 5.000 habitantes, ubicados en el Valle de Sula, diez en total, están distribuidos a lo largo de las instalaciones de la vía del Ferrocarril Nacional con funciones secundarias de centros de transportación y de distribución de mercancías para sus más reducidas áreas de influencia.

Estos lugares urbanos son de dimensión variable, yendo de 4.577 habitantes uno, Choloma, hasta otro de 1.591, Pimienta.

Olanchito. Es un centro urbano con 4.577 habitantes, en 1961, y dentro del área de influencia de las plantaciones bananeras de la Standard Fruit and Steamship Company, unido a La Ceiba por Ferrocarril y con conexiones de vuelos con dicha ciudad.

Trujillo. Semi aislado del resto de las poblaciones de la Costa Norte, con comunicación aérea regular y marítima ocasional, son los únicos medios de acceso; un pequeño subsistema de integración con el casi abandonado Puerto Castilla constituye el eje de la vida cotidiana de la ciudad.

2.3 El Crecimiento Urbano en la Costa Norte

La Costa, a secas, ha sido la esperanza de encontrar nuevas oportunidades para los habitantes del resto de Honduras que no teniendo oportunidades para la satisfacción de sus necesidades y aspiraciones en el lugar de nacimiento y/o residencia, han tenido que emigrar y lo han hecho, preferentemente, hacia la Costa Norte. Esta corriente migratoria ha determinado la alta tasa de crecimiento de las poblaciones de este sector. Ver Tabla VI

TABLA VI

REPUBLICA DE HONDURAS

POBLACION, CRECIMIENTO Y DENSIDAD DE LOS LUGARES URBANOS CON 5.000 Y MAS HABITANTES EN LA ZONA NORTE, 1961

NOMBRE DE LOS LUGARES	POBLACION 1950	1961	Km.² Superficie	Tasa geométrica de crecimiento	Densidad 1961
Todo el País	1,368.605	1,884.765	112.088	3.00	16.8
San Pedro Sula	21.139	58.632	13.7	9.88	4.279.7
La Ceiba	16.645	24.880	3.7	3.78	6.724.3
Puerto Cortés	12.228	17.948	4.2	3.12	4.059.0
El Progreso	9.150	13.797	3.75	3.87	3.679.2
Tela	12.614	13.607	2.00	0.70	6.803.5
La Lima	4.693	9.873	1.00	7.11	9.873.0
Zona Urbana Norte	76.469	137.837	39.65	5.59	3.476.3

La población de las ciudades, con niveles inferiores de fecundidad y tasas más bajas de mortalidad, crecen a un ritmo más acelerado que la población total del país. Es en San Pedro Sula en donde tal crecimiento es más acelerado, mientras que en el Puerto de Tela, debido a la baja de la actividad bananera, mantuvo su población casi sin aumento ni disminución.

Sobre espacios ya casi saturados por la población, se encuentran las ciudades de la zona norte del país y enfrentándose, a su vez, con grandes limitaciones en cuanto al aprovechamiento de áreas adyacentes por ser éstas, en su mayoría, pantanosas o están formadas por las playas del mar de uso muy limitado para construcción de viviendas. Las densidades diferenciales dan idea de la concentración demográfica en las ciudades y del aprovechamiento de la tierra para la construcción de casas de habitación de la población.

2.4 La Actividad Económica en el Complejo Urbano del Norte

La tierra en las ciudades se utiliza preferentemente para edificaciones y los hombres obtienen su sustento en actividades distintas de la agricultura, esto por regla general.

La estructura económica del sector norte difiere de la estructura del resto del país por la presencia de la actividad bananera, orientada a la exportación, con un desarrollado régimen capitalista en una economía altamente monetizada que pone en giro una suma considerable de ingresos familiares que incide en altos niveles de comercio y de industria, orientadas a la sustitución de importación de bienes de consumo, poco elaborados, industrias que a su vez demandan mano de obra y ponen en giro dinero, a través de inversiones y salarios.

TABLA VII---REPUBLICA DE HONDURAS
ESTRUCTURA DE LA POBLACION ECONOMICAMENTE ACTIVA URBANA.SEGUN RAMA DE ACTIVIDAD EN LA COSTA NORTE 1961

RAMA DE ACTIVIDAD ECONOMICA	Honduras	DEPARTAMENTOS					
		Atlántida	Colón	Cortés	Yoro	Sin Pedro Sula	Islas de la Bahía
1. Agricultura, silvicultura, caza y pesca	15.9	24.9	52.8	15.3	29.0	3.7	28.0
2. Explotación de minas y canteras	0.3			0.1	*	*	
3. Industrias manufactureras	17.8	13.9	10.0	21.7	14.1	27.8	9.2
4. Construcción	5.7	2.3	1.6	4.3	3.1	6.0	0.5
5. Electricidad, agua y servicios sanitarios	0.5	*	0.3	0.3	0.3	0.4	0.4
6. Comercio	14.8	12.8	9.1	16.7	12.3	19.4	9.2
7. Transporte, almacenaje y comunicaciones	3.7	3.0	4.1	4.2	2.3	3.9	12.6
8. Servicios	31.0	28.6	35.0	24.7	26.4	28.1	26.9
9. Actividades bien especificadas	10.3	14.5	7.2	12.8	12.5	10.7	12.6
TOTAL	100.0	100.0	100.0	100.0	100.0	100.0	100.0

NOTA: * Porcentajes menores de 0.05

En la zona urbana hondureña hay una cierta importancia de la agricultura, superada por una dedicación de la población económicamente activa a la industria manufacturera y al renglón servicios; esta tendencia se observa, excepción hecha de San Pedro Sula, urbanizada en alto grado y con cifras relativas importantes en cuanto a la industria y al comercio.

En las zonas urbanas de los departamentos considerados como el sector norte, en cuanto a categorías de ocupación, predominan los asalariados, aquellos que trabajan por un sueldo o salario ya sea de entidades públicas o de particulares, teniendo importancia considerable los trabajadores independientes y escasa los trabajadores familiares.

TABLA VIII

REPUBLICA DE HONDURAS – SECTOR NORTE

ESTRUCTURA DE LA POBLACION ECONOMICAMENTE ACTIVA URBANA, SEGUN CATEGORIA DE EMPLEO, AÑO 1961

CATEGORIA DE EMPLEO	Honduras	DEPARTAMENTOS					
		Atlántida	Colón	Cortés	Islas de la Bahía	Yoro	San Pedro Sula
1. Patrono	1.5	1.4	1.5	1.4	1.5	1.4	1.7
2. Empleado de Gob.	16.0	9.3	24.8	9.7	18.7	11.5	9.9
3. Empleado particular	50.5	57.3	28.1	56.9	38.1	45.7	60.3
4. Trabaj. independ.	19.3	15.6	34.1	16.9	25.7	25.3	16.1
5. Trabajador fam.	2.3	1.1	3.9	1.7	3.4	3.3	1.2
6. Otros	10.4	1.0	0.2	1.0	0.1	0.6	10.8
7. Ignorados		2.3	2.2	1.5	1.9	1.0	
8. Buscando empleo		12.0	4.8	10.8	10.6	11.3	
TOTAL	100.0	100.0	100.0	100.0	100.0	100.0	100.0

2.5 El Complejo Urbano Capitalino

Tegucigalpa y Comayagüela, las ciudades gemelas como las suelen llamar, forman el complejo urbano capitalino y agrupan el 30.6 por ciento de la población urbana, que representa el 7.1 por ciento de la población total del país. Este complejo urbano creció, en el período 1950-1961, a una tasa geométrica de 5.86 por ciento, superior a la tasa de crecimiento nacional e inferior, notoriamente, a la tasa de crecimiento de la población de San Pedro Sula. Si se considera la extensión superficial de Tegucigalpa-Comayagüela, 135 kilómetros cuadrados, y la población, en 1961, que era de 134.075 habitantes, se tiene una densidad de 3.830 habitantes por kilómetro cuadrado.

El complejo capitalino está comunicado con los centros principales del país por medio del sistema nacional de carreteras y por la compañía aérea SAHSA, que sirve de medio de comunicación aérea interurbano. Tegucigalpa-Comayagüela es la sede de las principales oficinas del Gobierno, de los Bancos radicados en el país, de servicios prestados por misiones internacionales, de numerosos centros educativos, y, entre estos, la Universidad Nacional Autónoma de Honduras. Todo esto, naturalmente, hace de Tegucigalpa y Comayagüela un centro de atracción migratoria, preferente en el país.

El crecimiento natural de la población capitalina, unido al crecimiento social o migratorio y al lento aumento de las oportunidades de empleo, hace que se encuentren trazos de desocupación declarada en la población económicamente activa; tal desocupación es el orden del 15.1 por ciento de dicha población activa, que por otro lado soporta una carga de 230 personas por cada 100; es decir, que cada cien personas ocupadas tienen que producir lo necesario para ellos mismos y para cubrir las necesidades de 230 personas más.

La población económicamente activa masculina del complejo urbano capitalino está dedicada en forma principal, a la prestación de servicios, a la industria manufacturera, al comercio y la construcción, mientras que la población económicamente activa femenina se dedica, en forma notoriamente importante, 60.3 por ciento, a los servicios y, con menor importancia relativa, al comercio y la industria.

TABLA IX

POBLACION ECONOMICAMENTE ACTIVA DE TEGUCIGALPA POR SEXO Y RAMA DE ACTIVIDAD, 1961

RAMAS DE ACTIVIDAD	Ambos sexos	Masculino	Femenino
TODAS LAS RAMAS	100.0	100.0	100.0
1. Agricultura, avicultura, caza y pesca	1.6	2.6	0.1
2. Explotación de minas y canteras	0.3	0.4	0.1
3. Industrias manufactureras	18.1	21.4	12.6
4. Construcción	8.5	13.2	0.5
5. Electricidad, agua y servicios sanitarios	0.9	1.3	0.1
6. Comercio	17.6	17.3	18.2
7. Transporte, almacenaje, comunicacio.	4.4	6.3	10.0
8. Servicios	38.0	25.0	60.3
9. Actividades bien especificadas	10.6	12.5	7.2

TABLA X

REPUBLICA DE HONDURAS
POBLACION ECONOMICAMENTE ACTIVA DE TEGUCIGALPA, D.C. SEGUN CATEGORIAS DE OCUPACION POR SEXO, AÑO 1961

CATEGORIA DE OCUPACION:	AMBOS SEXOS	Masculino	Femenino	DISTRIBUCION PORCENTUAL		
				Ambos sexos	Masculino	Femenino
1. Patrono	669	571	98	1.4	1.9	0.6
2. Empleado de Gob.	10.712	10.525	187	22.4	24.9	18.1
3. Empleado particular.	24.648	14.837	9.811	51.5	48.1	57.3
4. Empleado dom.	6.542	1.638	4.904	13.7	5.3	28.6
5. Trabajador fam.	353	153	200	0.7	0.5	1.1
6. Otros	4.916	3.594	1.322	10.3	11.9	7.4
TOTAL	47.871	30.223	17.648	100.0	100.0	100.0

Las categorías que ocupa la población económicamente activa del complejo capitalino, en el desempeño de su actividad económica, muestran una preponderancia de asalariados, tanto por empresas privadas como públicas.

Los ingresos de la mayor parte de la población económicamente activa capitalina provienen de los salarios que percibe en la prestación de servicios. Los niveles de salarios en la ciudad capital, no es un dato disponible, pero sabido es que los salarios pagados por el Estado tienen una escala bastante diferenciada, que va de un límite mínimo de L. 70.00 u L. 80.00 mensuales, retribución a conserjes y aseadoras, hasta un máximo de L. 4.000.00 al ciudadano Presidente, y otras sumas alrededor de ésta. Pero en la ciudad capital existen sectores asalariados de gran inestabilidad, tal es el caso de los albañiles, quienes obtienen su salario en las construcciones y éstas no tienen un ritmo e intensidad que requiera mano de obra todos los días laborables del año; antes bien, el ritmo de las edificaciones disminuye en meses determinados, sobre todo en la época de las lluvias, limitándose la capacidad de compra de un importante sector asalariado y de su familia, con tal paro estacional.

Es en la ciudad capital el único núcleo poblacional de Honduras, en el cual el sector asalariado goza de la protección del seguro social que le garantiza atención médica y la obtención de su nivel de ingreso corriente mientras dure la incapacidad por enfermedad o por accidente de trabajo, empleados en establecimientos de 5 y más trabajadores.

2.6 El Complejo Urbano Nacional Restante

a) Las ciudades de 5.000 y más habitantes

a.1 Descripción somera de las ciudades

Las restantes ciudades hondureñas que cuentan con una población de 5.000 habitantes, son seis: Choluteca, Comayagua, Santa Rosa de Copán, Juticalpa, Danlí y Siguatepeque, ubicadas en distintos sectores del país.

Choluteca, la séptima ciudad del país, es centro comercial de la región sur, y debe algo de su movimiento mercantil a su situación favorable sobre la Carretera Panamericana, en la cual desempeña la función de centro secundario de transportación; algo de ese movimiento está influenciado por la presencia de grandes haciendas ganaderas y una cercana empacadora de carne. En sus comunicaciones con los centros secundarios de la región, cuenta con una red vial secundaria y con la Carretera del Sur, que intercepta a la Carretera Panamericana, y permite el acceso a otros puntos de la República. El servicio aéreo es prestado ocasionalmente por avionetas y no existe comunicación por ferrocarril.

Comayagua. La novena ciudad del país, ubicada en la parte norte del Valle de su nombre, en la región central, y sobre la Carretera del Norte que comunica a Tegucigalpa, la capital, con Puerto Cortés y puntos intermedios, es un mercado agrícola secundario.

Santa Rosa de Copán, la "Sultana de Occidente", como gustan llamarla poéticamente, es centro mercantil y de fabricación manufacturera, de escasa elaboración y tecnología, con comunicación terrestre hacia San Pedro Sula, el Departamento de Lempira y la República de El Salvador, y forma parte de la red aérea de la SAHSA, que presta el servicio con aviones DC-3.

Juticalpa. Es un mercado agropecuario del Departamento de Olancho, del cual es cabecera; tiene comunicación terrestre con Tegucigalpa y el centro departamental secundario de Catacamas; cuenta con servicio aéreo semanal, prestado por la empresa SAHSA.

Danlí. Es centro del mercado agropecuario del Departamento de El Paraíso, del cual forma parte, en la región sureste del país; cuenta con el transporte interurbano hacia Tegucigalpa.

Siguatepeque, en el Departamento de Comayagua, sobre la Carretera del Norte, tiene las funciones de mercado agropecuario y maderero. Muchas de su reciente actividad derivan del estacionamiento de los vehículos que hacen el transporte de mercancías y pasajeros entre San Pedro Sula y el complejo urbano del Norte, con Tegucigalpa.

a.2 Crecimiento y densidad de las ciudades

Las ciudades de 5.000 y más habitantes, ligeramente reseñadas, y con la excepción de Santa Rosa de Copán, crecen a un ritmo mayor que el país en general, debido a que son los focos de atracción migratoria, por las oportunidades, reales o supuestas, que se les atribuye para lograr más altos niveles de ingreso.

TABLA XI

REPUBLICA DE HONDURAS

POBLACION, CRECIMIENTO Y DENSIDAD DE VARIAS CIUDADES HONDUREÑAS MENORES, 1961

NOMBRE DE LAS CIUDADES	POBLACION 1950	1961	Superficie en Kms.²	Densidad 1961	Tasa Geom. de Crecim. 1950/61
Choluteca	7.075	11.483	1.93	5.949.7	4.63%
Comayagua	5.221	8.473	1.60	5.295.6	4.62
Santa Rosa de Copán	6.417	7.946	1.50	5.297.3	1.99
Juticalpa	3.205	7.210	0.75	9.613.3	7.77
Danlí	4.208	6.325	0.90	7.027.8	3.83
Siguatepeque	4.599	5.993	1.50	3.995.3	2.47

Estas ciudades presentan una concentración algo considerable de población, en las cuales, el aprovechamiento de las áreas adyacentes para edificaciones va siendo cada vez más, de escaso aprovechamiento para la expansión futura que puedan esperarse. En dichas ciudades, la densidad es considerable y si se estima que persistirá la tasa de crecimiento geométrico observada en el período Junio 1950 a Abril 1961, se concluye que en plazos de diez a quince años se duplicará la población en la mayoría de las seis ciudades en referencia; la duplicación de la población acarrea problemas sociales dignos de tomarse en cuenta, tales como el brindar oportunidad de empleo, educación, vivienda, alimentación, salud, etc., a una población cada vez más numerosa y con nuevas necesidades por satisfacer.

a.3 La Actividad Económica

Se carece de datos censales disponibles sobre la población económicamente activa de Choluteca, Santa Rosa de Copán, Juticalpa y Danlí. En cuanto a las ciudades de Comayagua y Siguatepeque, que ambas forman el sector urbano del Departamento de Comayagua, se tienen los datos en conjunto y se pueden utilizar como un indicador muy aproximado de la realidad de las seis ciudades enumeradas.

TABLA XII
REPUBLICA DE HONDURAS
POBLACION ECONOMICAMENTE ACTIVA URBANA DEL DEPARTAMENTO DE COMAYAGUA

SEGUN OCUPACION 1961		PORCENTAJE
TOTAL	3.944	100.0
Profesionales Técnicos	277	7.0
Gerentes, Administradores	64	1.6
Empleados de Oficina	148	3.8
Vendedores	457	11.6
Agricultores	880	22.3
Mineros	1	
Conductores de Transporte	100	2.5
Artesanos y Operarios	697	17.7
Otros Artesanos y Operarios	142	3.6
Obreros y Jornaleros	128	3.3
Trabajadores de Servicios Personales	592	15.0
Otros Trabajadores	458	11.6

En las ciudades de Choluteca, Comayagua, Santa Rosa de Copán, Juticalpa, Danlí y Siguatepeque, conserva preponderancia relativa la existencia de agricultores y se observa la presencia de artesanos, vendedores y trabajadores de servicios personales.

TABLA XIII

REPUBLICA DE HONDURAS

POBLACION ECONOMICAMENTE ACTIVA URBANA DEL DEPTO. DE COMAYAGUA, SEGUN RAMA DE ACTIVIDAD. AÑO 1961

RAMA DE ACTIVIDAD		PORCENTAJE
TOTAL	3.944	100.0
Agricultura, Silvicultura	843	21.4
Minas y Canteras	3	0.1
Industrias manufactureras	683	17.3
Construcción	285	7.2
Electricidad	23	0.6
Comercio	512	13.0
Transporte	107	2.7
Servicios	1.107	28.1
Actividades bien especificadas	381	9.6

La estructura misma de la población económicamente activa, de acuerdo a las ramas de actividades a que se dedican, es la siguiente:

Lo anterior, refleja la importancia de la agricultura dentro de la composición urbana de dicha población.

Si bien se concentra mayor cantidad de población económicamente activa en el renglón "Servicios", la agricultura aún retiene un poco más de la población activa urbana.

TABLA XIV

REPUBLICA DE HONDURAS

POBLACION ECONOMICAMENTE ACTIVA URBANA DEL DEPTO. DE COMAYAGUA, POR CATEGORIA DE EMPLEO, 1961

RAMA DE ACTIVIDAD		PORCENTAJE
TOTAL	3.944	100.0%
Empleado de Gobierno	700	17.7%
Empleado Particular	1.593	40.4
Trabajador Independiente	1.082	27.4
Trabajador Familiar	101	2.6
Otros	22	0.6
Ignorado	132	3.3
Buscando empleo	231	5.9

La categoría ocupada en el ejercicio de la actividad económica por la población activa urbana, muestra la preponderancia de los asalariados, tanto al servicio de entidades públicas como de empresas particulares, y una existencia relativa importante de la categoría "trabajador independiente". Cabe señalar que no deja de ser importante el resaltar que un 5.9 por ciento de la población económicamente activa es de aquellos que van haciendo su entrada a ella, por primera vez.

b) Las Ciudades de Menos de 5.000 Habitantes

Las pequeñas ciudades del occidente, centro, sur, y oriente del país muestran una actividad económica predominantemente agrícola, con la concomitante presencia de agricultores y de trabajadores por cuenta propia y trabajadores familiares, que es coexistente con la estructura agraria de subsistencia y minifundista que caracteriza al sector rural nacional.

La mayor parte de estas pequeñas ciudades se ha desarrollado en función de la actividad agrícola y las tareas administrativas desempeñadas en las cabeceras municipales, con dos excepciones, El Mochito y San Juancito, nacidas en función a la actividad minera. El anterior es el cuadro sintético de las ciudades menores hondureñas.

El comportamiento de crecimiento de estas ciudades es bastante disímil. Algunas han decrecido durante el período 1950/1961 y otras han incrementado considerablemente su población; estas ciudades, de pequeña dimensión, en la mayoría de los casos, son las que proveen el mayor volumen de la corriente interna migratoria en un continuum acentuado en escala de la pequeña comunidad hacia la ciudad principal de la región o del país.

2.7 Los Principales Problemas Urbanos

a) Distribución e inestabilidad del ingreso

La mayoría de la población económicamente activa urbana obtiene los ingresos necesarios para su subsistencia a través del provecho que rinde la utilización de su fuerza de trabajo por terceras personas, en la producción y comercio de bienes y en la prestación de servicios.

La economía hondureña es una economía agraria dominante, rasgos que se observan aún en los centros considerados urbanos, pero, en contraposición a lo agrícola y rural, en el sector urbano hay una diferenciación graduada de ciudades chicas a grandes, en cuanto a la importancia relativa de la agricultura, como fuente de donde obtiene la población sus ingresos y/o sustento.

TABLA XV

REPUBLICA DE HONDURAS

POBLACIÓN ECONÓMICAMENTE ACTIVA, AMBOS SEXOS, SEGÚN RAMA Y CATEGORÍA DE EMPLEO - 1961

RAMA DE ACTIVIDAD	CATEGORIAS DE EMPLEO					
	Patrono	EMPLEADOS De Gobno.	EMPLEADOS Particulares	Trabajador Indepd.	Trabajador Familiar	Otros
1. Agricultura	74.6	0.3	54.7	83.4	96.2	*
2. Minas y Canteras	0.4	*	0.8	0.1	0.1	
3. Industrias Manufac.	11.1	1.4	12.9	7.4	2.2	*
4. Construcción	0.3	9.8	4.0	0.2	*	*
5. Electricidad	*	1.7	0.1	*	*	
6. Comercio	8.5	2.1	5.5	6.5	1.1	*
7. Transportes	1.1	7.7	2.2	0.5	*	
8. Servicios	3.9	76.6	19.5	1.8	0.3	3.3
9. Otras actividades	0.1	0.2	0.3	0.1	*	96.6
TOTAL	100.0	100.0	100.0	100.0	100.0	100.0

* Menos de 0.05

Exceptuando los empleados de Gobierno, predominantemente absorbidos por la prestación de servicios, todas las restantes categorías de empleo están, con márgenes considerables, dentro de la rama agrícola de la producción nacional, incluyendo a los empleados particulares. Las ramas restantes, sobre todo la industria manufacturera y el comercio, actividades predominante urbanas implican una percepción mayor del ingreso por parte de los patronos en su papel de perceptores de beneficios, mientras que los salarios, aparte de que son de menor tasa monetaria, muestran rasgos importantes de inestabilidad.

Esa inestabilidad del ingreso urbano se refleja marcadamente en el renglón construcción, en cuanto a los albañiles como sector asalariado dentro de él, la demanda de cuyos servicios, o la oferta de trabajo para ellos, depende de la edificación de viviendas, casas comerciales, etc., y las reparaciones de éstas; dentro del renglón "Servicios" en cuanto a los jornaleros y en el "Comercio" en cuanto a los vendedores mediante comisiones.

Un factor que debe considerarse es el creciente costo de la vida urbana y el alza ocasional de los bienes y servicios en el mercado, con la consiguiente depreciación del valor de la moneda, con la disminución del poder adquisitivo del ingreso percibido por el sector asalariado.

La inestabilidad y el hecho de los bajos ingresos, llevan a una importante consecuencia que conviene señalar: las personas de bajos ingresos carecen de menores disponibilidades de crédito, por lo cual, al obtener dinero en préstamo, pagan tasas más altas de intereses, lo que como consecuencia absorbe montos importantes del bajo e inestable ingreso percibido, además de que, el monto reducido de éste, les priva de las oportunidades de disfrutar de altos niveles de consumo, educación, vivienda, salud, etc.

b) El problema de la población migrante

Un problema que debe mencionarse siquiera sea de pasada, es la inestabilidad creciente y proveniente del aumento de la población por la llegada de inmigrantes del campo y de la transferencia persistente de la población entre ciudades, de las de menor a mayor dimensión. La falta de desarrollo de la agricultura y la incapacidad del sector mercantil agrícola para proporcionar empleo y subsistencia a la población rural, las condiciones sociales de la tenencia de la tierra son factores de "rechazo" de la gente del campo, quienes, ante las perspectivas, reales y supuestas, de empleo urbano, en busca de nuevos horizontes, emigran hacia las ciudades.

Estos inmigrantes ingresan al llamado sector Terciario, que comprende el comercio, transporte, servicios personales y todo servicio en general. En el comercio, la escasez de recursos les impele a emplearse o a iniciar por cuenta propia una actividad comercial de bajo rendimiento o la venta callejera de ciertos artículos y de lotería nacional; en los servicios quedan, la mayor parte de las veces, sujetos al desempeño de ocupaciones ocasionales y marginales de escasa retribución.

Esto así, lo bajo e inestable del ingreso de la población migrante, limita su capacidad de disfrutar de una vivienda cómoda y decente y ante la necesidad imperiosa de contar con un techo, se construyen una casa de materiales poco protectores; este tipo de construcciones se ve en la capital de la República, a lo largo de los ríos o de las carreteras de salida de la ciudad. Construcciones de esas condiciones se ven también en San Pedro Sula, La Ceiba, Puerto Cortés, Choluteca, etc., donde personas migrantes, y a veces de la ciudad misma, se agencian un techo levantado en propiedades particulares o ejidales. Pero recuérdese bien que una vivienda no es sólo un techo, es más que eso.

c) El desempleo urbano

La falta de crecimiento de las oportunidades de empleo y el ritmo acelerado del crecimiento de la población urbana, tienen como consecuencia el desempleo, tanto descubierto como disfrazado.

En el Censo de Población de 1961 se clasificaron como "Desocupados" aquellas personas que al momento del censo buscaban empleo o habían buscado durante el mes inmediatamente anterior a él, y aquellas que, sin tener un trabajo remunerado, por cuenta propia o con algún pariente, trabajaron algún tiempo durante el año anterior al censo. Con ese criterio 34.267 personas fueron clasificadas como desocupadas, dentro de las cuales conviene resaltar que 10.547 personas tenían edades comprendidas entre los 15 y los 19 años, lo que hace presumir que éste fuera el grupo de trabajadores nuevos, o sea, aquellos que buscan los primeros empleos. A 22.004 personas asciende el número de aquellas que, al momento del censo, se encontraban buscando sus primeros empleos.

El total de personas desocupadas en la zona urbana ascendía, en el referido año de 1961, a 19.684 y fueron censadas la mayoría en los Departamentos de Francisco Morazán y Cortés, concentrados en las ciudades de Tegucigalpa y San Pedro Sula.

TABLA XVI
REPUBLICA DE HONDURAS
POBLACION ECONOMICAMENTE ACTIVA DESOCUPADA URBANA, 1961

DEPARTAMENTO		CIUDAD	
Francisco Morazán	7.368	Tegucigalpa, D. C.	7.242
Cortés	5.711	San Pedro Sula	2.932
Sub-Total	13.079	Sub-Total	10.174
Otros Departamentos	6.605	Otras ciudades	9.510
Total	19.684	Total	19.684

Si bien el desempleo declarado acusa una mayor dimensión en Tegucigalpa, D.C., éste se presenta en todas las ciudades hondureñas cuya población excede a los cinco mil habitantes, en donde estaba concentrada en 1961 el 82.2 por ciento de los desocupados en el país, correspondiendo el 17.8 por ciento restante de los desocupados a los 51 lugares urbanos con menos de cinco mil habitantes.

TABLA XVII

REPUBLICA DE HONDURAS

POBLACION DESOCUPADA POR CIUDADES Y SEXO, 1961

NOMBRE DE LA CIUDAD	DESOCUPADOS		
	Ambos Sexos	Masculino	Femenino
1. Tegucigalpa	7.245	5.475	1.770
2. San Pedro Sula	2.932	2.163	769
3. La Ceiba	1.189	1.037	152
4. Puerto Cortés	1.259	1.020	239
5. El Progreso	1.048	831	217
6. Tela	1.042	792	250
7. Choluteca	543	485	58
8. La Lima (1)			
9. Comayagua	255	224	31
10. Santa Rosa de Copán	218	165	53
11. Juticalpa	157	130	27
12. Danlí	110	97	13
13. Siguatepeque	177	162	15
	16.175	12.581	3.594
Ciudades de menos de 5.000 habitantes	3.511	(1)	(1)
TOTAL	19.684	(1)	(1)

(1) No disponible la información.

La desocupación así es un indicador de la disparidad entre el crecimiento económico y el demográfico, e implica el problema social de la ausencia de ingresos en un considerable sector nacional para la satisfacción de sus necesidades y aspiraciones, lo que logran a medias, recargando presupuestos familiares ajenos.

d) El carácter deficitario de los servicios urbanos

Las ciudades hondureñas muestran considerables déficits en cuanto a la oferta de varios servicios urbanos, entre ellos el agua potable, energía eléctrica y alumbrado público, servicios sanitarios, etc.

La existencia de servicio de agua de cañería y de alumbrado eléctrico fue requisito tomado en cuenta para la clasificación de los lugares urbanos, de manera que todos ellos cuentan con instalaciones para la prestación de estos dos servicios tan de gran importancia.

d.1 El servicio de agua potable

El servicio de agua potable prestado en las trece ciudades cuya población es de 5.000 y más habitantes, presenta las siguientes características importantes:

	CIUDAD	ALGUNAS CONDICIONES DEL SUMINISTRO DE AGUA
1	Tegucigalpa	Filtrada, parcialmente clorinada. Calidad considerada buena
2	San Pedro Sula	Clorinada. Calidad considerada buena. Análisis biológicos diarios.
3	La Ceiba	Planta Tratamiento Deficiente. Calidad considerada buena.
4	Puerto Cortés	Clorinada, tratamiento completo. Calidad considerada buena.
5	El Progreso	No clorinada, ausencia de planta de tratamiento. "Calidad aceptable para consumidores locales". Tiene bicarbonato disuelto.
6	Tela	Clorinada.
7	Choluteca	Ningún tratamiento completo, a veces clorinación. Calidad medianamente buena.
8	La Lima	Clorinación, tratamiento completo. Calidad considerada buena.
9	Comayagua	Clorinada.
10	Santa Rosa	Ninguna clorinación. Filtrada. NO ES POTABLE.
11	Juticalpa	Filtrada, sin clorinación ni fluorinación.
12	Danlí	Sin tratamiento. Calidad medianamente buena
13	Siguatepeque	Sin tratamiento. Calidad medianamente buena

	Nº de Conexiones de Servicios Agua Pot.				Viviendas sin Servicio
	Interior	Exterior	Sin servicio	Total	
1. Tegucigalpa	11.209	7.780	3.300	22.289	14.8%
2. San Pedro Sula	5.668	4.181	321	10.171	2.9
3. La Ceiba	1.884	1.948	1.948	775	17.6
4. Puerto Cortés	2.077	587	425	3.089	13.8
5. El Progreso	1.363	955	138	2.456	5.6
6. Tela	1.737	393	551	2.681	20.6
7. Choluteca	319	865	801	1.985	40.4
8. La Lima	(1)	(1)	(1)		
9. Comayagua	588	434	405	1.427	28.4
10. Sta. Rosa de Copán	233	207	939	1.379	68.1
11. Juticalpa	204	402	532	1.138	46.7
12. Danlí	265	288	490	1.043	47.0
13. Siguatepeque	466	217	346	1.029	33.6

(1) Información no disponible.

Las características señaladas del suministro del agua en las ciudades con 5.000 y más habitantes hablan de cuánto resiente la pureza y calidad del tal líquido esencial, un indicador del cual no se tiene es de la cantidad de agua y las fluctuaciones de dicha cantidad en los "meses secos", lo que limita la disponibilidad del agua de acuerdo con las necesidades de la población; la mayor parte de las veces el agua es poca, tratada con cloro, que es el desinfectante más barato y práctico, y por regla general, la población al hacer uso del agua, no la hierven, con lo cual se eleva la expectativa de contaminación y el aparecimiento eventual de epidemias entre la población hondureña.

Con la excepción de San Pedro Sula y El Progreso, es elevado el porcentaje de viviendas que carecen del servicio de agua potable, porcentaje que alcanza un nivel máximo 68.15 en Santa Rosa de Copán; la carencia de instalaciones para el suministro de agua en las viviendas implica que para el abastecimiento sea acarreada por el elemento femenino y los niños, de llaves, fuentes o ríos cercanos.

d.2 La instalación de cloacas y servicios sanitarios y recolección de basura

El siguiente es el estado en cuanto a este servicio en las ciudades de 5.000 y más habitantes:

CIUDADES	Agua segura colectada por caños tuber y cañerías	Plantas de tratamiento de aguas	Sistema de recolección de basura independiente de las excretas	Recolección de Basura
1. Tegucigalpa	x	No existen	No existe	Diaria usada para relleno
2. San Pedro Sula	x	No existen	x	Diaria " " "
3. La Ceiba	x	"	x	Diaria " " "
4. Puerto Cortés	x	NO	x	Diaria, quemada al aire libre
5. El Progreso	x	x	x	" " " "
6. Tela	x	x	x	" " " "
7. Choluteca	Parcial	Parcial	x	" " " "
8. La Lima	x	"	x	" " " "
9. Comayagua	x	SI EXISTE	x	NO EXISTE " "
10. Sta. Rosa de Copán	x	No existen	x	Alterna, usada como relleno
11. Juicalpa	x	"	No existe	NO EXISTE " "
12. Danlí	x	"	No existe	Semanal, quemada al aire libre
13. Siguatepeque	x	SI EXISTE	No existe	Semanal, quemada al aire libre

Los datos referentes al servicio de cloacas, tratamiento de aguas negras y la recolección y destrucción de basuras, son un indicador de las condiciones de saneamiento ambiental.

En Puerto Cortés no hay recolección de aguas negras, las pocas viviendas con servicio sanitario tienen su sistema individual de aguas negras, que desembocan directamente al mar, a la Laguna de Alvarado o a los pantanos aledaños; las viviendas restantes tienen "excusado" con pozo ciego. En San Pedro Sula, la ciudad hondureña de mayor crecimiento demográfico, en los nuevos barrios populares como el de Barandillas y la Colonia Las Palmas, las viviendas se construyen con pozos sépticos y con pozos ciegos para el control de excreta.

Únicamente las ciudades hondureñas Comayagua y Siguatepeque, cuentan con plantas para el tratamiento de aguas negras por medio de tanques Imhoff, descargando el líquido resultante en los ríos cercanos; en las restantes ciudades de 5.000 y más habitantes, las aguas negras, por medio de tuberías, son descargadas, a corta distancia en los ríos cercanos.

En la capital de la República, Tegucigalpa-Comayagüela, se encuentran barrios sin sistema alguno de cloacas y colonias con viviendas que disponen de pozo séptico; la recientemente construida colonia "Jardines de Loarque" cuenta con un tanque Imhoff para el tratamiento de las aguas negras. Algunas ciudades si bien es cierto que tienen sistema de cloacas y tuberías especiales para la colecta de las aguas negras, dicho servicio se limita a poco más de un tercio de la población y únicamente la ciudad de Santa Rosa de Copán, de entre las de cinco mil y más habitantes, carece de servicio de recolección de la basura.

d.3 El servicio de energía eléctrica

En las ciudades de 5.000 y más habitantes se encuentran instalaciones destinadas a prestar el servicio de energía eléctrica a la población y el alumbrado de calles para la seguridad pública. Sin embargo, no todas las viviendas cuentan con el alumbrado eléctrico ni el servicio de alumbrado de calles es adecuado para la seguridad pública; véase así cómo aquel déficit y esta deficiencia se presenta:

CIUDADES		Número total de vivienda	Viviendas con alumbrado eléctrico		Alumbrado de calles para la seguridad pública	Propiedad del servicio
1	Tegucigalpa	22.289	16.149	72.5	Adecuado	
2	San Pedro Sula	10.171	7.850	77.2	Adecuado en el centro de la ciudad	
3	La Ceiba	4.407	3.874	87.9	Inadecuado	StandardF.C.
4	Puerto Cortés	3.089	2.188	70.8	Inadecuado	
5	El Progreso	2.456	1.410	57.4	Adecuado	
6	Tela	2.681	1.667	62.2	Inadecuado	Tela R.R. Cº
7	Choluteca	1.985	600	30.2	Inadecuado	
8	La Lima	*	*	*	Inadecuado	Particular
9	Comayagua	1.427	696	48.8	Inadecuado	
10	Santa Rosa de Copán	1.379	534	38.7	*	
11	Juticalpa	1.138	294	25.8	*	
12	Danlí	1.043	262	25.1	Inadecuado	Particular
13	Siguatepeque	1.029	408	39.7	Inadecuado	Municipal

* Información no disponible.

Es en las ciudades del sector norte del país en donde es más alto el porcentaje de viviendas con instalaciones para el alumbrado eléctrico, característica observada también en la capital de la República; las restantes ciudades de cinco mil y más habitantes brindan este servicio apenas a un poco más de un tercio de su población y/o viviendas; este déficit en el uso del servicio de alumbrado eléctrico tiene dos causas, es la una la situación de la demanda efectiva y es la otra la oferta deficiente y la baja capacidad de las plantas instaladas.

El alumbrado de las calles para la seguridad pública es prácticamente inadecuado, con las únicas excepciones de la capital de la República, el sector central de la ciudad de San Pedro Sula y la ciudad de El Progreso. Además del calificativo inadecuado por el servicio de alumbrado de las calles de las ciudades mayores de Honduras, cabe resaltar que, dentro de ellas el referido servicio cubre, con las excepciones señaladas, entre el 50 y 80 por ciento del área urbana.

d.3.2 El servicio de energía eléctrica en los centros urbanos menores

En los centros urbanos con una población menor de cinco mil habitantes, son más bajos los porcentajes de viviendas con servicio de alumbrado eléctrico y mayores las deficiencias de dicho servicio, así como el alumbrado de las calles para la seguridad pública.

Tamaño de las ciudades	Número total de viviendas	N° de viviendas con alum. elée.	%	Porcentajes extremos Más bajo	Más alto
4.001 - 5.000	5.326	1.681	31.6	5.9	52.9
3.001 - 4.000	3.969	869	21.9	7.3	36.8
2.001 - 3.000	3.302	742	22.5	0.6	48.3
1.001 - 2.000	3.313	927	28.0	5.4	67.0
TOTAL	15.910	4.219	26.5	0.6	67.8

De acuerdo con la agrupación por tamaño de las ciudades, se observa que éstas, en promedio, cuentan con servicio de alumbrado eléctrico un poco más de la cuarta parte de las viviendas, y en algunos lugares "urbanos" es de dos el número de viviendas con dicho servicio. Dentro de las ciudades que tienen una población comprendida entre los cuatro y cinco mil habitantes, es la ciudad de Ocotepeque la que tiene el porcentaje más bajo y Olanchito la que tiene el porcentaje más alto; entre las ciudades de tres mil a cuatro mil, tienen tal característica Trujillo y San Marcos de Colón, respectivamente.

Además del bajo porcentaje de viviendas que se encuentran en las ciudades de menos de cinco mil habitantes, cabe anotar que el servicio de energía eléctrica es prestado únicamente durante las horas de la noche, y muy frecuentemente, a veces, entre las seis y nueve pasados meridianos.

3. Integración de la Ciudad y el Campo

3.1 El problema de la integración de la ciudad y el campo

La ciudad y el campo son las dos zonas sociológicas donde habita la población de un país; entre dichas zonas hay evidentes diferencias en cuanto a modos y formas de vida, distintas oportunidades al goce de los beneficios de la salud y la educación, distintas formas de trabajo y diferentes actitudes frente al mundo y la vida misma.

La integración de la ciudad y del campo se ve como un complejo problema de llevar los beneficios y facilidades de que se disfruta, o se cree posible disfrutar en la ciudad, a los habitantes del campo, al margen, por hoy, de casi todas las oportunidades de disfrutar de niveles aceptables en cuanto a salud, nutrición y educación.

El tema de la integración ha sido tradicionalmente tratado por economistas, antes y con mayor profundidad, que cualesquiera otros cultores de las ciencias sociales, y de acuerdo con ellos, el comercio internacional es el elemento dinámico cuya liberalización lograba la integración absoluta, entendida como un estado en el cual todos los países tienen iguales oportunidades al disfrute de los beneficios del progreso económico y social. Mientras esto sucedía a escala internacional, dentro de cada sistema económico nacional, la igualdad de oportunidades para el disfrute de los beneficios mencionados, definidos de la integración, se lograría por la libre movilidad de los factores.

De acuerdo con la teoría económica tradicional, la integración de la ciudad y el campo, vista como una igualdad de oportunidades, y ante los usos alternativos a que pueden ser destinados los recursos productivos, se lograría mediante la libre movilidad de los factores, cuya corriente determina ajustes en la productividad e igualación de las tasas o proventos de retribución de los factores productivos, que implica iguales oportunidades en el campo y en la ciudad para el disfrute de los beneficios del progreso económico y social, o sea la integración de estos dos sectores sociológicos donde se desenvuelven actividades económicas diferentes.

Pero el ajustamiento natural, espontáneo, de los niveles de vida y oportunidades en la ciudad y el campo no ocurre y más bien, las ciudades aparecen como oasis de progreso mientras el campo aparece como marco del estancamiento económico.

En Honduras, país agrícola y rural, tiene, en particular, gran importancia el estudio del campo y de la ciudad como áreas sociológicas donde radica la población, cuyos niveles de vida se anhela sean superados. En Honduras, la sociedad rural es la más numerosa y define a la sociedad en general, de allí nace la preocupación por estudiar, a la vez, los problemas rurales y urbanos; y toda vez que se observa ya en el ámbito nacional, una incipiente despoblación del campo y una rápida diferenciación de los patrones de vida campesinos y urbanos, se hace necesaria una atención constante y constructiva hacia el sector mayoritario de nuestra sociedad; el campesinado y sus problemas y los correlativos que existen en la ciudad.

3.2 Aparecimiento de la división entre la ciudad y el campo

En los albores del sistema esclavista surgieron las primeras ciudades por la concentración de individuos dedicados a la práctica de determinados oficios.

En la evolución de la humanidad se operaron dos grandes divisiones del trabajo: la primera fue la separación entre agricultores y ganaderos; la segunda fue la segregación de individuos dedicados al ejercicio de determinados oficios. Esta división del trabajo permitió una mayor disponibilidad de excedentes, lo que contribuyó a favorecer la especialización de determinadas personas en la distribución de los bienes obtenidos sobre las necesidades de los productores inmediatos y de las de los dueños de los factores de producción; los comerciantes, quienes asentándose en lugares de ubicación especial, en el cruce de vías de comunicación, dieron lugar al aparecimiento de centros poblados por individuos dedicados a labores distintas de las realizadas en el campo, especialmente, comerciantes y artesanos.

En la Honduras pre-hispana los centros poblados se ubicaron en los valles del interior, y a lo largo de los ríos que van hacia los mares y que servían de vías de comunicación; pero los bajos excedentes y lo poco diversificado de la producción incidieron en la existencia de un comercio únicamente de artículos raros, cacao, pedrería, plumas, telas, hachas de metal, etc., que se intercambiaban a lo largo del litoral y por el curso de los ríos, pero que no llegaron a convertir el sistema de aldeas semi-dispersas de los pobladores pre-hispanos en un todo integrado y unitario.

Con la conquista y colonización de Honduras, a principios del Siglo XVI, se distorsiona el sistema de aldeas pre-hispanas hondureñas y el patrón de comportamiento de las fundaciones queda determinado por los intereses y necesidades de los españoles colonizadores.

Los colonizadores españoles fundan poblaciones, en primer lugar, en el litoral Atlántico, por donde llegaban de España, Santo Domingo y México; en el litoral Atlántico tenían que establecer los puntos para el desembarque de abastecimientos y el embarque de los excedentes de que se apropiaban en la minería. En segundo lugar, las fundaciones quedan determinadas por el encuentro ocasional de vetas auríferas, surgiendo por tal razón varios poblados de corta duración; pero algunos centros mineros, en torno de los cuales se organizaron haciendas y labranzas para el abastecimiento de alimentos a los individuos ocupados en la minería y concentraron el intercambio agrícola regional y hoy perduran, estancados y semi aislados, diseminados por las laderas de las montañas, y ya desaparecida la veta metalífera que desempeñó el papel de factor económico para la concentración de la población.

El abastecimiento desde el exterior, y el envío al exterior de la riqueza obtenida en territorio americano y la explotación minera fueron factores tradicionales, durante la colonia, para la fundación de los poblados y villas, pero en Honduras hubo, además, otro factor especial determinante de las fundaciones. Sabido es que durante el período del dominio español sobre la América Latina, se descubrieron ricos yacimientos de oro en el Perú, y que ese oro tenía que ser transportado de los centros mineros a la entonces metrópoli: España, por medio de embarcaciones, sobre aguas del Océano Pacífico, y luego del Océano Atlántico.

Papel preponderante desempeña la mujer en el seno de la familia rural, sobre todo como transmisora de la educación y la cultura, ante la ausencia y/o el carácter deficitario de estas funciones por parte de la escuela. Los niños, desde edades tempranas se dedican a cooperar, aprendiendo sus funciones, con el padre y la madre, en el mantenimiento del hogar, y en la obtención del sustento; y esto trae como consecuencia, según el grado en que se necesite la fuerza de trabajo infantil, el temprano o total abandono de la escuela, o, cuando menos, una baja asistencia en forma inversa al ritmo del trabajo agrícola.

La población rural es esencialmente analfabeta y aquellos que, en el campo, declaran saber leer y escribir, tienen un bajo nivel de preparación escolar, o se han convertido en analfabetos por desuso.

La vivienda rural es, en su mayoría, de bahareque, en la región occidental, sur y central del país, y de hojas de palma y de caña brava en la costa norte del país; de dos piezas a lo sumo, una pieza general y otra dedicada a la cocina, pisos de tierra, escasa iluminación dentro de la vivienda, ausencia de servicio de agua, inodoro, lavadero, carencia de alumbrado eléctrico. A todo este cuadro, se agregan las condiciones malsanas de los sitios de ubicación de los poblados, la poca frecuencia en el uso del calzado y la ausencia de hábitos higiénicos, todo lo cual incide en la existencia de enfermedades endémicas, parasitosis, diarreas, gripe, etc.

Condicionado el modo de vida en el campo por el ritmo de trabajo agrícola, que es esencial en el mundo de subsistencia en que vive inmersa la mayoría de la población rural hondureña, éste se desenvuelve, además, excluyendo el renglón bananero, desde luego, del ritmo impuesto por la estación seca y la lluviosa, por dos determinantes principales: las condiciones de la tenencia de la tierra, y las condiciones de la técnica que inciden en la baja participación del sector agrícola no bananero, en el producto interno bruto hondureño, y así, mientras el productor directo del campo busca tierras para cultivar, haciendo uso, la mayor parte de las veces, de una técnica prehispana, se encuentra con que las condiciones de la tenencia de la tierra o la dimensión de sus parcelas le impiden producir más, para llenar siquiera las necesidades que enfrenta su numerosa familia, y no se diga, para obtener excedentes que le permitan su superación moral y material.

La población rural se asienta, o bien en caseríos y aldeas de regular dimensión, o se encuentra diseminada a lo largo de caminos de herradura, carreteras de penetración o de las principales vías de transporte terrestre, creando una conciencia individualista, basada más bien en caracteres de hostilidad que en pretensiones de autosuficiencia; y así como lo individual, en el núcleo rural, en las aldeas y caseríos, los pequeños grupos de horizontes cerrados, de gran incomunicación y de una elemental autarquía al límite de las necesidades sentidas en la comunidad, se desarrollan localismo infecundos que acentúan la desintegración de la ciudad y el campo hondureño.

Algunos de los indicadores que a nivel nacional se consideran favorables al desarrollo, en el campo se convierten en factores que facilitan la emigración de la población en ruta hacia las ciudades o a centros próximos de mayores perspectivas. Así, por ejemplo, la técnica de la lectura y escritura es vínculo coadyuvante, no determinante, de la emigración del campo hacia la ciudad; cuando se siente la presión de los factores de rechazo del campo por la tenencia de la tierra y la falta de oportunidades, algunos conocimientos sobre el mundo exterior ayudan en la decisión de partir hacia otro lugar a "probar fortuna", o a "rodar tierra", aproximándose así a un medio superior, con la técnica de la escritura.

Pero ese traslado a la ciudad se realiza incluso cuando en ella faltan oportunidades económicas, y la vida urbana se considera como un fin en sí misma, aún en condiciones míseras, creando los cinturones de pobreza donde se ubican los desplazados de origen citadino y los migrantes del campo que no logran ser absorbidos por la demanda de mano de obra de la localidad.

En la ciudad, el ritmo de aumento de la oferta de trabajo, de incremento de la población económicamente activa, tanto por la entrada a ella de población por la edad, como por aquella inmigrante, no guarda sincronía con el ritmo de crecimiento de las oportunidades de empleo, y ello da, como consecuencia, la desocupación frecuente, que se traduce en la no percepción de ingresos por parte de una considerable proporción de trabajadores urbanos, lo que los coloca al margen de los beneficios de salud, educación y esparcimiento que se da en la ciudad.

En contraposición a lo agrario y pecuario como característica de las actividades rurales, se presentan las actividades urbanas, unidas a las funciones administrativas, industriales, comerciales, educativas y de servicios en general.

La ciudad, tradicionalmente, se ha considerado como algo cuyo crecimiento es coexistente con el crecimiento de la economía de un país; y lo industrial y lo urbano se han considerado como concomitantes. Pero en Latinoamérica, el crecimiento de las ciudades no obedece realmente, en la mayoría de los casos, a este patrón tradicional, y sus ciudades surgen y subsisten con el respaldo de una economía agrícola, sobre todo con la influencia del sistema de plantaciones, con grandes deficiencias en servicios y capacidad de absorción de la mano de obra en crecimiento.

MAPA No. 1.

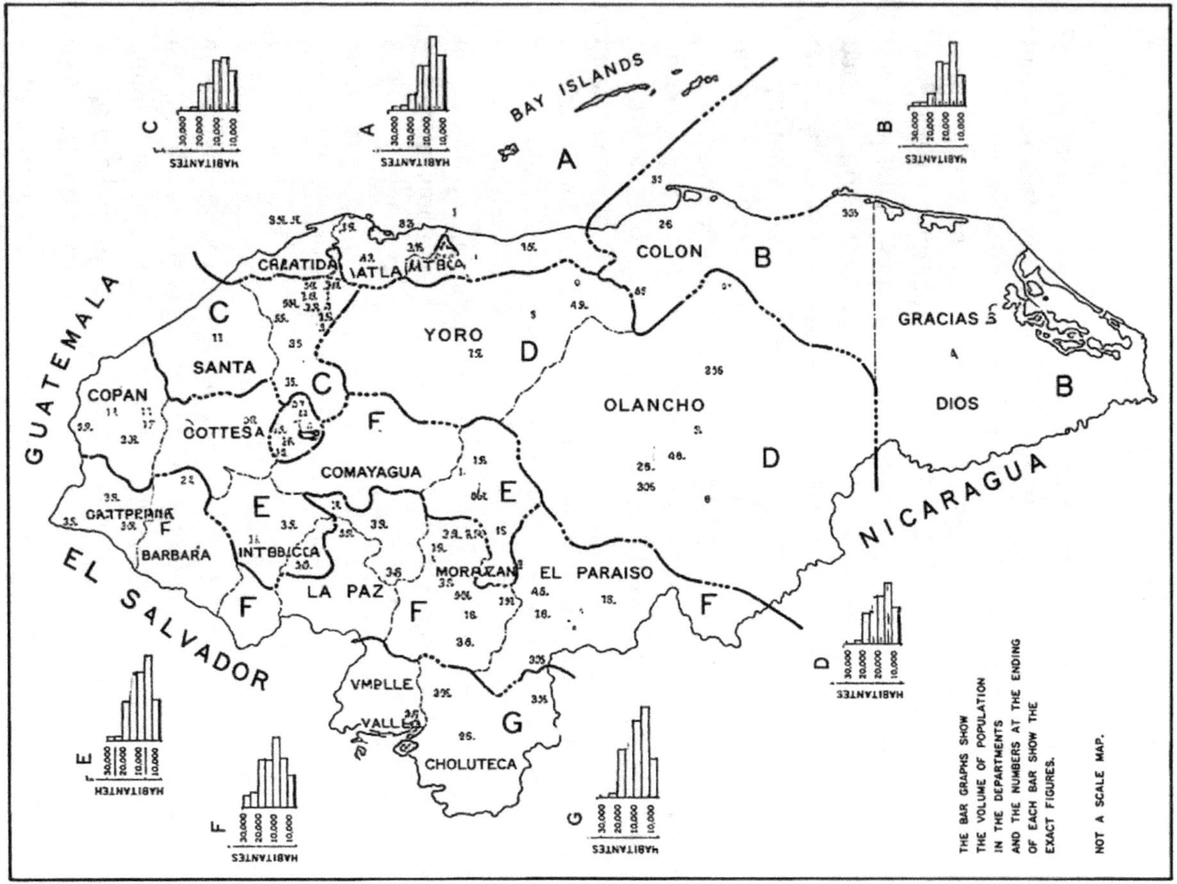
GUATEMALA
EL SALVADOR
NICARAGUA
BAY ISLANDS
COPAN
SANTA
BARBARA
COMAYAGUA
LA PAZ
MORAZAN
EL PARAISO
YORO
OLANCHO
COLON
GRACIAS A DIOS
VALLE
CHOLUTECA
HABITANTES
30,000
20,000
10,000
THE BAR GRAPHS SHOW
THE VOLUME OF POPULATION
IN THE DEPARTMENTS
AND THE NUMBERS AT THE ENDING
OF EACH BAR SHOW THE
EXACT FIGURES.
NOT A SCALE MAP.

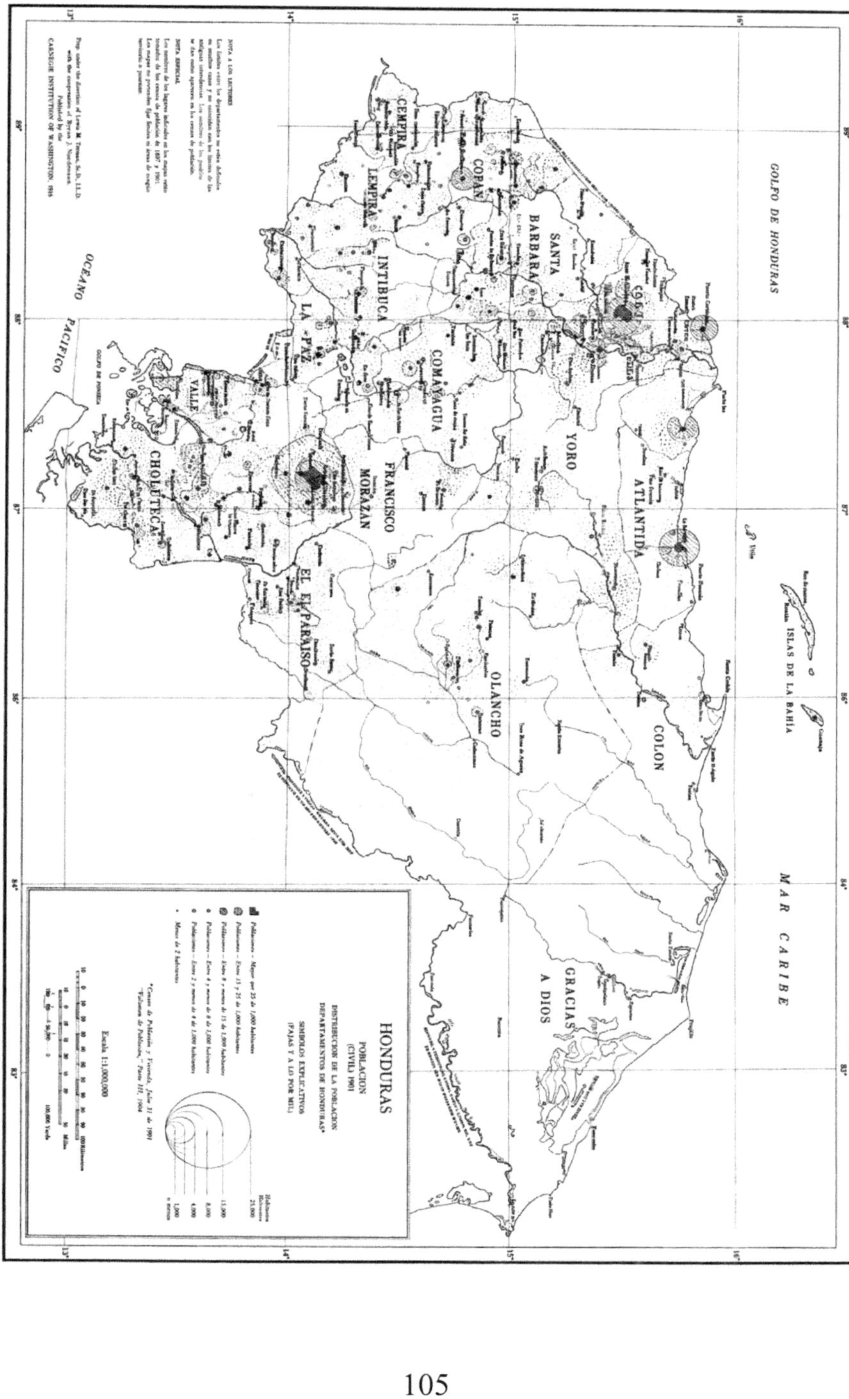
GOLFO DE HONDURAS
MAR CARIBE
ISLAS DE LA BAHIA
OCEANO PACIFICO
COPAN
LEMPIRA
SANTA BARBARA
INTIBUCA
LA PAZ
COMAYAGUA
VALLE
CHOLUTECA
FRANCISCO MORAZAN
EL PARAISO
YORO
ATLANTIDA
OLANCHO
COLON
GRACIAS A DIOS
HONDURAS
POBLACION
(CIVIL) 1901
Escala 1:1,000,000

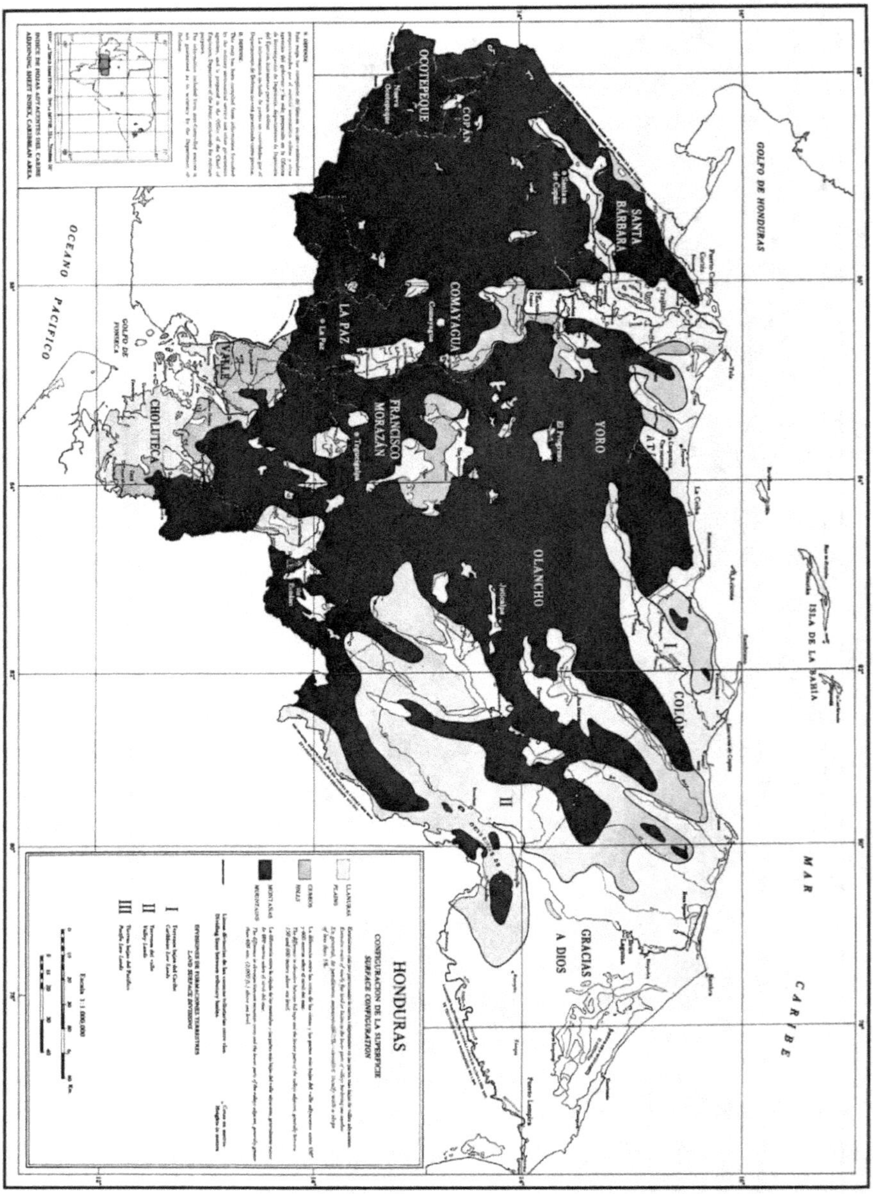
HONDURAS
CONFIGURACION DE LA SUPERFICIE
SURFACE CONFIGURATION
GOLFO DE HONDURAS
ISLA DE LA BAHIA
MAR CARIBE
OCEANO PACIFICO
GOLFO DE FONSECA
OCOTEPEQUE
COPAN
SANTA BARBARA
COMAYAGUA
LA PAZ
VALLE
CHOLUTECA
FRANCISCO MORAZAN
YORO
OLANCHO
COLON
GRACIAS A DIOS
I
II
III

ESTRUCTURA AGRARIA Y LATIFUNDIO: EL CASO DE HONDURAS

Antonio Murga Frassinetti[6]

1. INTRODUCCIÓN.

UN PROBLEMA viejo, pero a pesar de ello actual, es el referido a la estructura agraria. Desde hace una década el reconocimiento de este punto se refleja en el desvelo público hecho sobre el desequilibrio social rural y sus efectos sobre el conjunto de la sociedad. Ese desequilibrio manifestado en la concentración de los recursos como la tierra en pocas manos, ha generado una situación de manifiesta insatisfacción. El problema "no se trata tanto de que la población rural sea pobre.... sino que esta pobreza coexiste con una exagerada concentración de la riqueza y, lo que es curioso, también con una relativa abundancia de recursos naturales. Esta desigualdad, este desequilibrio junto con la bien conocida inflexibilidad social, es lo que hace que se culpe al régimen de tenencia de la tierra de ser uno de los principales obstáculos para el desarrollo de América Latina".

El propósito del presente trabajo es poner a discusión —en base a los dos censos agropecuarios realizados en el país: 1952 y 1965-66— el fondo de la cuestión: cumple el latifundio su función social en el desarrollo nacional y por tanto, justifica éste su existencia?

Desarrollo y Estructura Agraria

Se ha dicho con acentuado énfasis que parece existir una relación bastante estrecha entre subdesarrollo y alta concentración de la tierra lo cual se ha traducido, en el hecho que la estructura agraria constituye un serio obstáculo al desarrollo económico-social de nuestros países.

Sea en términos de generar una producción agropecuaria capaz de satisfacer la demanda urbana o bien, en su capacidad para ampliar el mercado interno considerablemente estrecho como producto de la existencia de una población bastante grande en condiciones de infraconsumo, el hecho ha sido que el actual sistema agrario resulta

[6] Artículo publicado en la revista Economía Política, mayo-agosto 1973.

ineficiente para impulsar o apoyar cualquier proceso de desarrollo de estas sociedades subdesarrolladas.

Por otro lado, una serie de factores de tipo socioculturales y políticos implicaron en los últimos años, un rápido surgimiento y desarrollo de nuevas aspiraciones y demanda por parte de las grandes masas urbanas y rurales de población. Esto acentuó y modificó el carácter de los conflictos sociales en la medida que los nuevos grupos y fuerzas sociales implicados en el panorama político, condujeron hacia nuevas fórmulas que buscaran si bien no modificar el fondo del problema, por lo menos permitieran atenuar los graves efectos que el estancamiento económico y la creciente desigualdad social estaban creando en cada una de las sociedades nacionales de la región.

De este modo, fueron surgiendo dos alternativas fundamentales en tanto modos de desarrollo: o se llevan a cabo modificaciones efectivas que impulsen el proceso de desarrollo y alteren el actual sistema distributivo y la consecuente desigualdad social o bien, el estancamiento económico y la desigualdad social se hacen más agudos con los conflictos políticos que ello implica.

En este sentido, conviene evaluar, por ejemplo, la aparición de la Alianza para el Progreso y la promulgación en los siguientes años, de una serie de leyes de reforma agraria, cuyo objetivo central era precisamente, la modificación del sistema agrario —punto débil del sistema nacional— como mecanismo de contención de posibles alteraciones o transformaciones políticas profundas que, siguiendo el ejemplo cubano, pudieran optar por la vía del socialismo.

El proceso "normal" esperado a partir de la dación de las referidas leyes de reforma agraria, fue teóricamente el de una significativa redistribución de la tierra. Sin embargo, en la medida que la estructura de poder no experimentó paralelamente serias modificaciones que expresaran el desplazamiento definitivo de las oligarquías terratenientes de los centros de poder y decisión políticos, las posibilidades de concreción de todo ese reformismo de la década de 1960 se vieron realmente frustradas. En efecto, la influencia y el poder de las oligarquías terratenientes en tanto continuó como factor decisivo dentro de las estructuras de poder, permitieron desvirtuar el curso esperado de las leyes de reforma agraria dando así inicio, a un proceso de contrarreforma agraria.

De esta manera, los intentos de reforma agraria no acabaron sino como meras reformas agrícolas en tanto sin alterar el sistema agrario prevaleciente, optaron por llevar a cabo políticas tendientes a mejorar el sistema de producción, a elevar los índices de productividad, a incrementar la producción, etc. Así, los resultados político-sociales de las distintas reformas agrarias no arrojaron en la década de 1960, sino un balance negativo: el latifundismo y la desigualdad social en el campo no desaparecieron; por el contrario, tendieron a fortalecerse.

Si la contrarreforma no constituye un proceso de modificaciones más o menos profundo de la estructura agraria, sino que se refiere a los esfuerzos de los grandes propietarios latifundistas o sus representantes por conservar el statu-quo de la estructura agrícola tradicional —esto es, conservar las características fundamentales que el viejo sistema otorgó a los grupos sociales privilegiados de sus sociedades—, vale preguntarse entonces, por el destino que tuvo en el sentido lato de la palabra, el reformismo agrario que abrió muchas esperanzas en varios países latinoamericanos y entre ellos Honduras.

En esta primera parte del trabajo vamos pues, a tratar de responder básicamente a dos preguntas: ¿cuál ha sido la modificación real que ha experimentado la estructura agraria en la sociedad hondureña? y ha disminuido o se ha hecho más aguda la pobreza de las grandes masas campesinas?

Si nos atenemos a la pura comparación porcentual apuntada en el cuadro 1, el grado de concentración de la tierra creció en el período intercensal. Mientras en 1952, el 65.1 por ciento de las fincas disponía del 15.7 por ciento de la tierra total; trece años más tarde, en 1965, el 67.5 por ciento de las fincas agrícolas solo controlaba el 12.4 por ciento de la tierra. Contrariamente, en el otro polo del sistema de propiedad, o sea, en los latifundios, se encontró que mientras en 1952, el 4.2 por ciento del total de propiedades agrícolas controlaba el 56.8 por ciento de la superficie agrícola total; en 1965, el 6.1 por ciento de las fincas controlaba el 60.2 por ciento del total de tierras.

CUADRO 1

CONCENTRACION DE LA TIERRA

(en mzs.)

Tamaño		1952	%	1965	%
Microfincas	Sup.	14.287	0.4	OMITIDAS	
—1*	no.	15.394	9.9		
Minifundios	Sup.	563.126	15.7	427.255	12.4
1—9	no.	101.709	65.1	120.403	67.5
Familiares	Sup.	967.437	26.9	948.164	27.4
10—49	no.	32.372	20.7	47.085	26.4
Multifamiliares:					
Medianas	Sup.	1.026.431	28.6	1.132.950	32.7
50—499	no.	6.182	4.0	10.195	5.7
Grandes	Sup.	1.014.161	28.2	953.159	27.5
500 ó más	no.	478	0.2	667	0.4
TOTAL	Sup.	3.585.442	99.8	3.461.528	100.0
	no.	156.135	99.9	178.350	100.0

FUENTE: Censos Agropecuario de 1952 y 1965-66.

(*)La superficie total para 1952, se convirtió para fines comparativos a manzanas.

El cuadro 1 es elocuente en lo que respecta al empobrecimiento de la propiedad minifundista. Mientras en 1952, las 101 mil fincas más pequeñas disponían de 563 mil manzanas; en 1965, las 120 mil fincas de menor tamaño solo tenían un total de 427 mil manzanas. En tanto el número de minifundios creció en 20 por ciento, la superficie controlada por estas propiedades disminuyó en algo más de 25 por ciento. De esta manera, el tamaño promedio del minifundio disminuyó de uno a otro censo: la extensión promedio que en 1952 era de 5.5 manzanas había decrecido a 3.5 manzanas en 1965.

Esta situación es todavía más grave para los minifundios de menor tamaño, o sea, los que alcanzaban hasta 5 manzanas. En 1952, las 73 mil fincas más chicas disponían de 275 mil manzanas en tanto para 1965, las 84 mil fincas más pequeñas sólo disponían de 187 mil manzanas. Es decir: mientras el número de estas unidades agrícolas había crecido en 15 por ciento, la superficie controlada por estas fincas había disminuido en casi 30 por ciento. De este modo, el tamaño promedio disminuyó de 3.7 manzanas en 1952 a 2.2 manzanas en 1965. La tendencia a un mayor empobrecimiento de esta parte de la población campesina más pobre, no es más que un indicio entre varios más, de la creciente desigualdad en la distribución de los recursos de la tierra.

Veamos ahora, los cambios operados en los grandes latifundios. De acuerdo a los datos del cuadro 1 y 2 —aunque estos datos como veremos más abajo, subestiman considerablemente el verdadero control que sobre los recursos agrarios ejerce la pequeña élite terrateniente— las grandes propiedades aumentaron su control sobre la tierra en el período intercensal: el número de fincas creció en casi cuarenta por ciento y la superficie se incrementó en dos por ciento. Como consecuencia de estos dos fenómenos —incremento del número de propiedades y de la tierra bajo control—, disminuyó el tamaño promedio de los latifundios: las fincas multifamiliares medianas disminuyeron su tamaño promedio de 306.4 a 192 manzanas y las multifamiliares grandes de 2.122 a 1.429 manzanas en 1952 y 1965, respectivamente.

La disminución del tamaño de los grandes latifundios ha dado pie para sostener que dicho proceso en un indicio de que la concentración de la tierra acorde con los principios de la Alianza para el Progreso, ha disminuido a lo largo de la década de 1960. El cuadro 2 en efecto, si bien confirma el decrecimiento del tamaño promedio de los latifundios no permite sin embargo, sostener que esto signifique una disminución en el grado de concentración de la tierra.

En efecto, el menor tamaño promedio de la gran propiedad no es necesariamente sinónimo de menor concentración de la tierra. Un fenómeno como este solo se produce "...si parte de la tierra que antes controlaban esas haciendas se hubieran transferido a propiedades más pequeñas y si, al mismo tiempo, no se presentara ningún incremento en el número de estas últimas".[7] Evidentemente, estos hechos no son deducibles de los datos censales.

---

[7] E. Feder, Violencia y despojo del campesino: el latifundismo en América Latina, México, Siglo XXI eds., 1972, p. 55.

CUADRO 2

LATIFUNDISMO Y CONCENTRACION

Fincas con más de (en mnz.)		1952	%	1965	%
50	Sup.	2.040.592	56.8	2.086.109	60.2
	no.	6.660	4.2	10.862	6.1
100	Sup.	1.660.507	46.2	1.659.127	47.9
	no.	2.796	1.8	4.423	2.5
500	Sup.	1.014.335	28.2	953.149	27.5
	no.	478	0.2	667	0.4

NOTA: El porcentaje es con relación al total del país.

FUENTE: Censos Agropecuarios de 1952 y 1965-66.

Según los datos de los cuadros anteriores, la disminución en el tamaño de la gran propiedad no implicó una circulación de tierra de la propiedad latifundista a las unidades más pequeñas del sistema agrario. La menor extensión promedio que presentaban los latifundios en 1965 con respecto a 1952, no expresa sino un permanente proceso de subdivisión de la gran propiedad latifundista y por tanto, una repartición de tierra entre las familias latifundistas lo cual, obviamente, no implica un menor grado de concentración de la tierra.

Esta tendencia bastante general no se reproduce sin embargo, de una manera similar en las diferentes regiones del país. En Olancho, por ejemplo, los datos sobre los latifundios de más de 500 manzanas señalan que mientras 15 fincas controlaban 19.5 mil manzanas en 1952; 21 fincas controlaban 19.8 mil manzanas en 1965. Datos para otros departamentos muestran una tendencia un tanto distinta a la de Olancho. En Atlántida y El Paraíso hubo en el período intercensal, un mayor control de la tierra por parte de los latifundios de 500 manzanas o más paralelo a una reducción en el número total de fincas: en Atlántida, 18 fincas controlaban 23.4 mil hectáreas en 1952 en tanto, para 1965, 12 fincas tenían 25.9 mil hrs. de tierra bajo su control.

En El Paraíso, 43 latifundios controlaban en 1952, 59.8 mil hectáreas, mientras 34 fincas controlaban en 1965, 52.2 mil hectáreas. De este modo, mientras en el caso de Olancho se produce una disminución del tamaño promedio de los grandes latifundios; en el caso de Atlántida y El Paraíso, el resultado de las modificaciones habidas en la distribución de la tierra apunta más bien a un crecimiento considerable del tamaño promedio de los latifundios más grandes.[8]

El breve análisis hecho hasta el momento nos permite sostener aunque de manera aún preliminar, que: 1) el incremento del número de fincas latifundistas habido en el período intercensal, se tradujo en una disminución de la superficie promedio de este tipo de propiedad; 2) la disminución del tamaño promedio de la propiedad latifundista no corrió paralelo a una disminución de la superficie agrícola total controlada por este tipo de propiedad; por el contrario, según se deriva de los cuadros anteriores, aumento de la superficie total bajo control latifundiario, aumento del número de fincas latifundistas y disminución del tamaño promedio de éstas son fenómenos paralelos; 3) los dos puntos anteriores permiten entonces sostener que el proceso habido en las propiedades latifundistas puede caracterizarse como el de una rápida subdivisión de las mismas y por ende, como una repartición de tierra entre las mismas familias terratenientes; por último, el grado de concentración de la tierra no ha disminuido en el caso de Honduras, a lo largo del período intercensal; por el contrario, la concentración de la tierra tal como lo muestran los dos censos agropecuarios realizados en el país, indican claramente un aumento de la desigualdad social en el campo.

Reforma Agraria y Concentración Latifundista

EN UNA economía subdesarrollada con un mercado interno reducido debido a la baja capacidad de compra de las grandes mayorías campesinas como resultado de su incapacidad de generar ingresos más altos que los de la simple subsistencia, resulta muy irónico y paradójico encontrar que en un período histórico marcado por la idea de reforma agraria en tanto proceso de redistribución de la tierra, el hecho real habido en el sistema de tenencia de la tierra haya sido el de una mayor concentración de tierra por parte de la gran propiedad latifundista.

Tal como se mostró en las páginas anteriores, mayor control sobre la tierra y disminución del tamaño promedio de la propiedad latifundista no son procesos necesariamente excluyentes. Por lo

---

[8] El tamaño promedio de los latifundios grandes en los tres departamentos fue, en 1952 y 1965: a) Atlántida: 1301 y 2158; b) El Paraíso: 1391 y 1537 y c) Olancho: 1300 y 943 hrs., respectivamente.

menos en el caso hondureño, se dieron paralelamente. Este fenómeno puede explicarse en buena medida por dos órdenes de factores. El primero, de orden económico, puede rastrearse en la intensificación del proceso capitalista que afecta al agro como resultado de una mayor ligazón al mercado interno e internacional. El segundo orden de factores de tipo extraeconómico: a) la amenaza de expropiación de los latifundios o de pago de impuestos por posesión de tierras incultas y ociosas de acuerdo a lo apuntado por la ley de reforma agraria de 1962 y b) el fenómeno de la herencia por la cual las grandes propiedades agrícolas se han ido dividiendo entre los herederos del propietario original.

La división de la gran propiedad y el consecuente menor tamaño relativo han sido compensados, sin embargo, por el fenómeno de la propiedad múltiple[9] el cual obviamente no aparece en las cifras censales. Barraclough y Domike resumiendo los informes del CIDA sobre tenencia de la tierra en siete países latinoamericanos, han señalado que, por lo general, los grandes terratenientes controlan varias explotaciones al mismo tiempo ya sea por medio de los miembros de la familia o ya sea por medio de las relaciones comerciales.[10]

Nuestros datos recogidos sobre los propietarios de las fincas de 100 manzanas o más en 1965 en dos departamentos del país, confirman lo apuntado por Barraclough y Domike. El primer departamento es Atlántida situado sobre el litoral Atlántico y uno de los principales departamentos productores del banano. El segundo departamento es Choluteca, al sur del país, el primer departamento ganadero y algodonero del país.

Los resultados encontrados sobre las propiedades múltiples se resumen en el cuadro siguiente:

---

[9] Nos referimos a propiedad múltiple cuando un propietario agrícola tiene dos o más fincas.

[10] S. Barraclough y A. Domike, "Agrarian structure in seven Latin American countries" en R. Stavenhagen (ed.), op. cit., p. 49-50.

CUADRO 3

PROPIETARIOS AGRICOLAS Y CONCENTRACION

DEPARTAMENTO	No. de fincas	No. apellidos propietarios	Superficie (en mz)	(1)	(2)
Fincas de 100 mz. o más.					
Atlántida	82	30	37.433	28.9%	
Choluteca	364	84	153.710	45.6	5.5%
Fincas de 500 mz. o más.					
Atlántida	17	8	27.041	20.9%	
Choluteca	82	54	120.555	36.4%	
Fincas de 1000 mz. o más.					
Atlántida	7	2	19.980	15.4%	
Choluteca	35	23	88.871	26.3	3.1%

(1) Porcentaje de la superficie agrícola departamental controlada por el número de fincas de la primera columna.

(2) Porcentaje de la superficie agrícola total del país controlada por las fincas (primera columna) de los dos departamentos.

Los porcentajes fueron calculados en base a:

1. Área agrícola total del país: 3.461.528 mz.

2. Área agrícola de Atlántida: 129.423 mz.

3. Área agrícola de Choluteca: 336.700 mz.

Fuente: Censo Agropecuario de 1965-66 (datos no publicados).

Resulta muy significativo que solo 30 apellidos en Atlántida controlaran en 1965, el 28.9% de la superficie agrícola departamental y que 84 apellidos controlan el 45.6% en Choluteca. Estos 114 apellidos juntos controlaban el 5.5% de la superficie agrícola del país. La importancia de reducidos grupos familiares terratenientes es todavía más desproporcionada conforme ampliamos el tamaño de las fincas: 8 apellidos en Atlántida controlaban en 1965, el 20.9% de la superficie agrícola departamental y 54 apellidos controlaban el 36.4% de la tierra en Choluteca. Estos 62 apellidos controlaban el 4.3% de la superficie agrícola total del país. Por último, 2 apellidos (la Standard Fruit Co. y la Tela Rail Road Co.) controlaban las 7 fincas de 1000 mz. o más en Atlántida, las que representaban el 15.4% de la superficie agrícola departamental. En Choluteca, 28 apellidos controlaban las 35 fincas más grandes de 1000 manzanas o más, las cuales disponían del 26.3% del área agrícola departamental. Los 30 apellidos juntos controlaban así, el 3.1% de la superficie agrícola del país.

El grado de concentración en el último censo es todavía mucho mayor al cuadro anterior, si agregáramos en el caso de las dos empresas fruteras extranjeras (las principales terratenientes en Atlántida) las fincas que bajo su control tienen en otros tres departamentos del país (Colón, Cortés y Yoro); en el caso de Choluteca, una de las más prominentes familias parece tener intereses agrarios, por ejemplo, en el departamento de Comayagua. También reconocidas figuras de la política nacional que son importantes ganaderos en Choluteca no aparecieron en la lista de propietarios. Otro factor que abultará aún más el grado de concentración de la tierra es el nexo existente entre distintos grupos ya sea al nivel familiar o comercial. Este último factor, sin embargo, tuvo que dejarse de lado debido a que la información disponible resultó muchas veces, incompleta.

Resumiendo: Primero: en el período intercensal, la concentración de la propiedad se incrementó; esto se tradujo en una mayor desigualdad en la medida que las grandes propiedades aumentaron su participación en el control sobre la tierra. Al mismo tiempo, aunque con una tendencia inversa, se observó que las propiedades minifundiarias crecieron en número, pero no así en sí, sino que superficie promedio la cual se vio seriamente disminuida.

Desde cualquier ángulo que se vea el problema, el hecho más grave es el tamaño decreciente de las parcelas campesinas. Cierto es que el tamaño promedio de la gran propiedad latifundiaria también disminuyó. Pero es obvio que el problema solo se torna grave en el caso de los pequeños propietarios minifundistas cuya base agraria es ya demasiado pequeña para algo más que la mera subsistencia. Esta situación es así, un absurdo en economías subdesarrolladas donde la tierra no es un recurso escaso. Absurdo porque la existencia de la propiedad latifundista implica para los pequeños propietarios, el ser cada vez más pobres. "Se hacen más pobres, dice Feder, porque el potencial de producción de su sostén agrario, decreciente y cada vez más deficiente, no ha sido compensado por políticas en gran escala (o importantes) para asegurarles un mayor acceso a insumos que aumenten la producción o por proyectos que incrementen su poder de negociación en los mercados de insumos y productos".[11]

Segundo, la estabilidad del latifundio durante las últimas décadas demuestra que los sectores o grupos terratenientes han mantenido todavía un control e influencia decisivos sobre las estructuras de poder, lo cual les ha dado capacidad para eliminar cualquier intento de poner en peligro la estructura latifundista. En la medida que la élite terrateniente sigue controlando la mayor parte de las tierras y la pobreza campesina descansa en la imposibilidad de éstos de acceder a parcelas de mayor tamaño, se asientan las bases para: 1) mantener la relación de dependencia del campesino frente al hacendado y 2) fortalecer y darle continuidad a la estructura latifundista.

3. La irracionalidad de la agricultura en una economía subdesarrollada

Se ha dicho que el sistema prevaleciente de propiedad de la tierra ha sido una de las principales causas del estancamiento económico y que la irracionalidad de la agricultura se manifiesta en la forma como se ha venido empleando la tierra, la mano de obra y otros recursos disponibles; en esta línea de razonamiento, el mal funcionamiento y el estancamiento del sector rural son en gran parte si no del todo, productos de las pautas de una agricultura que no emplea plenamente sus recursos.[12]

La discusión del problema rural y sus efectos en el conjunto de la economía nacional ha derivado en términos generales, en dos tesis polarizadas. La primera ha sostenido que "... la calidad de la administración y la eficiencia del uso de los recursos aumenta con el tamaño de la propiedad.... (y) que la naturaleza ha dotado a los ricos con un mejor criterio, sagacidad e inteligencia y, por lo tanto, los ha colocado en una posición predominante".[13] La segunda arguye por su

---

[11] E. Feder, op. cit., p. 59

[12] Barraclough y Domike, op. cit. y S. Chonchol "Tenencia de la tierra y desarrollo en América Latina" en C. Veliz (ed.) Obstáculos a la transformación de América Latina, México, FCE, 1969.

[13] Así resume en tono irónico la tesis, E. Feder, op. cit., p. 61.

parte, que la improductividad del sector agropecuario deriva principalmente, del carácter de la explotación latifundista. La calidad y eficiencia de la administración y utilización de los recursos sostienen los defensores de esta tesis, están en relación inversa al tamaño de la propiedad.

Los estudios realizados por el CIDA han enseñado que la propiedad latifundiaria ha sido por lo general, sinónimo de subutilización de los recursos disponibles. Un informe elaborado recientemente por varios organismos internacionales sobre la tenencia de la tierra en Centroamérica[14] ha apuntado que la intensidad del uso de la tierra en las grandes fincas era bastante inferior a la de las fincas más pequeñas. Las grandes fincas de acuerdo a los informes citados se han caracterizado por una elevada subutilización de sus tierras en tanto las fincas más pequeñas presentaban un uso cada vez más intenso de sus tierras.

Por consiguiente, puede suponerse que en tanto el latifundio ocupa la mayor parte de la superficie agrícola bajo claras condiciones de improductividad, el mal funcionamiento de la agricultura regional es en buena medida, un reflejo de la administración prevaleciente en las grandes propiedades. La constatación de este fenómeno ha llevado a algunos autores ha reformular el fondo del problema agrario latinoamericano.

"Aunque sea sorprendente para algunos, las grandes propiedades agrícolas están mal administradas y los productores de las pequeñas unidades son, dentro de los límites de su mano de obra y recursos de capital, muy eficientes en la explotación de sus tierras, en especial si se los compara con las grandes haciendas".[15]

Otro autor ha señalado también que en la medida que el minifundista presenta características administrativas muy favorables para el desarrollo agrícola latinoamericano, ellos constituyen: "... una enorme reserva de experimentados administradores... El trabajo consiste simplemente, en dar mayores recursos a los pequeños propietarios del presente. Con tierras adicionales (que sólo se pueden encontrar generalmente en los grandes predios), crédito, ayuda técnica y protección en el mercado, la mayoría de esta gente podría aumentar enormemente su producción. Un programa a largo plazo

---

[14] FAO, CEPAL, CIDA, Tenencia de la tierra y desarrollo rural en Centroamérica, enero 1971.

[15] E. Feder, op. cit., p. 61.

para aprovechar este capital humano y completarlo con los capitales y tierras necesarios, haría maravillas".[16]

Tierra y usos intensivos

Los estudios sobre el tema han planteado una relación inversa entre el tamaño de la finca y la utilización intensiva de la tierra. En base a los dos censos agropecuarios, se discutirá la validez de esta proposición para el caso de la agricultura de Honduras.

De acuerdo con el censo de 1952 (Anexo 1) las propiedades subfamiliares o minifundios cultivaban el 56.2 por ciento de sus tierras, las fincas familiares el 21.9 en tanto las multifamiliares medianas dedicaban el 8.3 de sus tierras al cultivo y las multifamiliares grandes, el 4.6 por ciento.

De acuerdo con el cuadro No. 4 las diferencias eran en 1965 todavía mayores:

1) Los minifundios tenían bajo cultivo el 67.9 por ciento de sus tierras; las fincas familiares, el 27.9; las multifamiliares medianas, el 12.5 y las multifamiliares grandes, el 6.8 por ciento;

2) Los minifundios con tres veces menos tierra que las multifamiliares medianas tenían el doble de tierra cultivada que estas; con casi 2.5 veces menos tierra que las multifamiliares grandes, tenían casi cinco veces más tierra cultivada (anexo 2 y 3);

3) En términos relativos, las diferencias eran mayores ya que los minifundios tenían cinco veces más tierra cultivada que las multifamiliares medianas y diez veces más que las multifamiliares grandes;

4) Los minifundios y fincas familiares juntas tenían una superficie total menor en un 30 por ciento que los latifundios, pero la superficie cultivada era mayor en alrededor de 250 por ciento.

Cultivos anuales

La evolución de estos cultivos repite la tendencia general. Los minifundios tenían en 1952 (anexo 1) el 41.4 por ciento de sus tierras con cultivos anuales mientras en 1965, el porcentaje habría crecido al 52.1 por ciento.

---

[16] S. Barraclough, "Qué es una reforma agraria?" en O. Delgado (ed.), Reformas agrarias en América Latina, México, FCE, 1965, p. 135.

Por su parte, las fincas familiares tenían porcentajes de 13.9 y 17.8 por ciento; las multifamiliares medianas, 3.8 y 6.6 por ciento y por último, las multifamiliares grandes 0.6 y 2.4 por ciento en los años de 1952 y 1965 respectivamente.

CUADRO 4

USOS DE LA TIERRA SEGUN TAMAÑO DE LAS FINCAS (1965)

Formas de uso	Minifundios		Fincas Familiares		Multifamiliares: Medianas		Multifamiliares: Grandes	
Cultivos Anuales	222.685	(52.1)	168.991	(17.8)	74.919	(6.6)	22.482	(2.4)
Cultivos Permanentes	67.521	(15.8)	96.081	(10.1)	61.424	(5.9)	41.987	(4.4)
Otros	140.354	(32.1)	683.285	(72.0)	987.259	(87.5)	884.467	(93.2)
TOTAL	430.560	(100.0)	948.357	(99.9)	1.126.632	(100.0)	948.936	(100.0)

Tamaño	*Anuales*	*Permanentes*	*Otros*
Minifundios	45.6%	25.0%	5.2%
Familiares	34.6	35.5	25.4
Multifamiliares:			
Medianas	15.2	23.9	36.6
Grandes	4.6	15.5	32.8
TOTAL	100.0	99.9	100.0

Fuente: Segundo Censo Agropecuario, 1965-66.

CUADRO 5

CULTIVOS ANUALES SEGUN TAMAÑO DE FINCAS

(1965)

Finca	Superficie cultivada con cultivos anuales		Participación % de las fincas en estos cultivos. 100
Minifundio	222.685	(52.1%)	45.6%
Familiares	168.991	(17.8%)	34.6%
Multifamiliares:			
Medianas	74.494	(6.6%)	15.2%
Grandes	22.482	(2.4%)	4.6%
T O T A L	489.107		100.0

Fuente: Censo Agropecuario de 1965.

De acuerdo al cuadro 5 en 1965:

1) La superficie de los minifundios con cultivos anuales era tres veces mayor a la superficie de las multifamiliares medianas y diez veces mayor a la de las multifamiliares grandes;

2) Las fincas familiares tenían 2.5 veces más tierras con cultivos anuales que las multifamiliares medianas y ocho veces más que las multifamiliares grandes;

3) Si tomamos el área de todas las fincas agrícolas con cultivos anuales como igual a 100, los minifundios controlaban el 45.6 por ciento de la superficie total con estos cultivos; las fincas familiares, el 34.6 en tanto los latifundios solo tenían el 19.8 por ciento de la superficie total.

Cultivos permanentes

Las diferencias existentes entre los distintos tipos y de propiedad agraria con respecto a la superficie cultivadas con cultivos permanentes no adquieren las proporciones encontradas en el caso de los cultivos anuales.

CUADRO 6

CULTIVOS PERMANENTES SEGUN TAMANO DE FINCAS
(1965)

Finca	Superficie cultivada con cultivos permanentes		Participación % de las fincas en estos cultivos 100
Minifundio	67.521	(15.8%)	25.0%
Familiares	96.081	(10.1%)	35.5%
Multifamiliares:			
Medianas	64.424	(5.8%)	23.9%
Grandes	41.987	(4.7%)	15.5%
T O T A L	270.013		100.0%

Fuente: Censo Agropecuario de 1965.

De acuerdo al cuadro 6, puede decirse que en 1965:

1) La superficie con cultivos permanentes en los minifundios era levemente superior a la de las multifamiliares medianas y mayor en sesenta por ciento a la de las multifamiliares grandes;

2) Las fincas familiares tenían 0.5 veces más tierra con cultivos permanentes que las multifamiliares medianas y casi 2.5 veces más que las multifamiliares grandes;

3) Los minifundios y las fincas familiares juntas con una superficie total menor en un 30 por ciento que los latifundios (cuadro 1), tenían, sin embargo, más de un 30 por ciento de tierras con cultivos permanentes que las grandes propiedades. De este modo los minifundios y fincas familiares juntas controlaban el 60.5 por ciento del área con cultivos permanentes mientras los latifundios apenas controlaban el 39.4 por ciento de la misma.

Esta primera aproximación al grado de utilización de la tierra muestra de modo muy claro, el carácter improductivo de la gran propiedad. Sin embargo, no puede quedarse en una simple generalización al respecto ya que, dada la importancia del cultivo del banano y su control por distintas empresas extranjeras, la gran propiedad latifundista presenta de igual modo, serias diferencias internas.

De este modo, en tanto el principal producto de exportación —el banano— es un cultivo permanente, resulta útil desglosar la distribución de la tierra con cultivos permanentes entre las grandes propiedades de manera tal que podamos observar mejor el comportamiento de este tipo de propiedad. Introducimos así, un corte en la gran propiedad agrícola: las fincas bananeras y las no-bananeras.

En primer lugar, el área promedio por finca con cultivos permanentes alcanzaba en 1965, al 7.8 por ciento de la superficie total. Este promedio, sin embargo, en ciertas áreas geográficas del país (la zona norte productora del banano) alcanzaba a 12.2 en Atlántida; 11.1 en Colón; 11.4 en Cortés; 11.9 en Santa Bárbara y 10.7 en Yoro.

Al reducir nuestra atención a las fincas controladas directamente por las dos empresas bananeras —la Standard y la Tela Railroad— en los departamentos citados, se encontró que el área con cultivos permanentes alcanzaba en el caso de las fincas de la primera empresa, el 28.7 por ciento y en el caso de la segunda empresa, el porcentaje subía al 36.5 del área total.

El promedio cultivado en las fincas de las dos empresas extranjeras era así, mayor en cuatro veces al promedio nacional y tres veces superior al promedio encontrado en la región bananera, aunque mucho menor al área total cultivada en las propiedades más pequeñas (cuadro 4).

CUADRO 7

FINCAS MULTIFAMILIARES Y CULTIVOS PERMANENTES

(1965)

Fincas	*Areas con cultivos permanentes (miles mz.)*		*Promedios*
Total país	270.0	100.0%	
Total fincas multifamiliares	106.5	39.4%	100.0%
Total 69 fincas bananeras	25.0	9.3%	23.5%

Fuente: Censo Agropecuario de 1965 (datos no publicados)

Los datos resumidos en el siguiente cuadro ponen más en claro el problema:

Las fincas multifamiliares solo controlaban 106.4 mil manzanas de las 270 mil con cultivos permanentes en todo el país, es decir, casi el 40 por ciento. La superficie de las 69 fincas bananeras —que por lo demás no son la totalidad de las fincas controladas por las dos empresas mencionadas— con cultivos permanentes alcanzaba en 1965 según el cuadro, a 25 mil manzanas, o sea, el 9.3 por ciento del área total del país y el 23.5 del área de las fincas multifamiliares.

De acuerdo a los datos, el área con cultivos permanentes de las dos empresas extranjeras resulta de gran importancia en el conjunto de las fincas multifamiliares. Tal participación, es sin embargo, mucho mayor: un informe reciente de la Tela Rail Road Co. señalaba, que en 1965, dicha compañía tenía casi 85 mil manzanas de tierra en Honduras de las que por lo general, la compañía cultivaba el 53 por ciento. En tanto los datos recogidos sobre las 69 fincas fruteras indicaban que estas no tenían una sola manzana con cultivos anuales, hay razones para suponer que el 53 por ciento de tierra cultivada por la Tela Rail Road Co., se dedicaba exclusivamente, a los cultivos permanentes. De este modo, los cálculos de acuerdo a los datos proporcionados por la misma Tela, indicarían que la superficie con cultivos permanentes sería de casi 43 mil manzanas, es decir, el 40.6 por ciento de la superficie total con estos cultivos de las multifamiliares grandes. De este modo, los datos disponibles de Standard y Tela nos indican que solo estas dos empresas controlan más del 50 por ciento de la superficie de las fincas multifamiliares o latifundios con cultivos permanentes.

El carácter diferenciado de las plantaciones bananeras con respecto de las demás grandes propiedades latifundistas, puede inducir a pensar en aquellas en tanto propiedades agrícolas altamente productivas. Sin embargo, la plantación en América Latina, se ha caracterizado también "por la propensión latifundista hacia la concentración y el monopolio sobre la tierra agrícola (y) a diferencia de las actitudes y formas de uso del suelo dentro del sistema de granjas o de haciendas sureñas de los Estados Unidos... emplea las mismas o semejantes normas de concentración territorial características de las áreas tradicionales de América Latina".[17]

Los datos recogidos sobre las 69 fincas citadas de propiedad de las dos empresas extranjeras corroboran el carácter semi-intensivo de la explotación de la tierra en estas propiedades. El cuadro siguiente muestra en efecto, cómo las plantaciones bananeras disponen de grandes áreas destinadas a pastizales, bosques y montes, las cuales exceden a la superficie bajo cultivo.

Feder ha dicho con bastante acierto, que "un cultivo intensivo no es sinónimo de un uso intensivo de la tierra".

---

[17] A. García, Reforma Agraria y Economía Empresarial en América Latina, Santiago, Ed. Universitaria, p. 64.

CUADRO 8

BANANERAS Y UTILIZACION DE LA TIERRA (1965 en %)

	Standard	*Tela Rail Road Co.*
SUPERFICIE TOTAL	28.391 mz.	46.298mz.
Cultivos anuales	———	———
Cultivos Permanentes	8.162 (28.7%)	16.890 (36.5%)
Tierras en descanso	88 (0.3%)	4.176 (2.5%)
Pastos	10.904 (38.4%)	12.540 (27.1%)
Bosques y montes	6.054 (21.3%)	13.351 (28.8%)
Otros	3.183 (11.2%)	2.341 (5.0%)
T O T A L	(99.9%)	(99.9%)

Fuente: Censo Agropecuario de 1965 (datos no publicados)

La discusión anterior plantea un interrogante: ¿cuál es el grado de vinculación de la gran mayoría de latifundios al mercado interno y externo? Este punto aún no ha sido tratado en el caso hondureño debido en gran parte, a las dificultades derivadas de los datos censales. Los datos obtenidos del censo de 1965-66 sobre 262 latifundios en cinco departamentos (Cortés, Choluteca, Olancho, El Paraíso y Yoro) muestran la importancia de estos en la producción agrícola.

Para la obtención de los resultados se computaron los productos de mayor significación de acuerdo con la superficie cultivada en tales propiedades latifundistas: algodón, café, frijol y maíz (se excluyó el banano por razones obvias y la caña de azúcar, porque el informe censal no presentaba los resultados de este producto).

Obtenidos los datos respectivos, se midió la importancia del área cultivada en estas fincas con relación al área total dedicada a dicho cultivo en el conjunto de la agricultura del país.

CUADRO 9

CULTIVOS SELECCIONADOS EN LATIFUNDIOS DE MAS DE 500 *MZ.*

(1965 — LAS CIFRAS en MZ.)

	Algodón	*Café*	*Frijol*	*Maíz*
Area cultivada en el país	20.500	155.346	399.677	95.019
Cortés	——	480	853	——
Choluteca	6.971	592	1.223	103
El Paraíso	925	620	2.156	641
Olancho	315	414	1.226	89
Yoro	——	267	632	21
TOTAL	8.211	2.373	6.090	854
% del área total de fincas	(36.8)	(1.5)	(1.5)	(0.9)

FUENTE: Censo Agropecuario de 1965. (Datos no publicados)

Lo que llama la atención del cuadro es la poca atención que en general prestan los grandes latifundios a los cultivos destinados al mercado interno como al externo (el café, aportó el 11.1 por ciento del valor total de las exportaciones en 1968; el frijol, el 2.2 por ciento; y, el maíz, el 1.5 por ciento). De esta manera y teniendo en cuenta que las 5 fincas de Atlántida y las 69 controladas por las dos empresas bananeras no dedicaban una sola manzana a tales cultivos los 336 grandes latifundios de un total de 667, no controlaban más del 2 por ciento del área cultivada del segundo (café), tercero (maíz) y quinto (frijol) producto de mayor importancia en el rubro de las exportaciones del país.

El deslinde de la problemática agraria es pues demasiado claro. Pese al déficit alimenticio que durante la última década ha incrementado de modo considerable, las importaciones de este tipo de productos agrícolas,[18] los latifundios no dedican al cultivo de

[18] Las importaciones agrícolas crecieron en la década de 1960 de casi 8 millones de dólares en 1960 a 12 millones en 1965 y 21 millones en 1970.

granos básicos (y en general a los cultivos anuales) más allá del cinco por ciento del total de sus tierras en tanto los minifundios dedican el 52 por ciento a este tipo de cultivos.[19] Esto nos indica entonces que son precisamente las fincas de menor tamaño las que generan en un mayor porcentaje, los alimentos destinados al consumo interno. Desde este punto de vista, el problema inmediato para superar el creciente déficit alimenticio dado el crecimiento poblacional, no es tanto como se ha tratado de argüir, la baja producción por hectárea en la agricultura dedicada a la producción de alimentos. De hecho, la productividad por hectárea, en los minifundios como en los latifundios no presenta serias diferencias. Sin negar la importancia real que puede tener el nivel de rendimiento de la agricultura por hectárea, el problema central parece explicarse mejor por la poca importancia que los latifundios prestan a este tipo de producción.

Los datos disponibles sugieren así, que el crecimiento de la producción alimenticia para satisfacer la demanda urbana y disminuir la carga de este tipo de importaciones en la balanza comercial se deberá a la mayor importancia que las grandes propiedades presten a este tipo de cultivos.

Este hecho denota el alto grado de improductividad (derivado de la alta subutilización de las tierras) de gran parte de los latifundios de 500 manzanas o más. Del grupo de las 267 fincas no-bananeras de los 6 departamentos citados, se encontró que 156 latifundios con una

---

Las importaciones de cereales, frutas y legumbres crecieron en el mismo período de 3.9 millones de dólares en 1960, a 5.7 millones en 1965 y a 11.8 millones en 1970.

[19] El siguiente cuadro es muy ilustrativo sobre el problema:

PRODUCCION DE ALGUNOS ALIMENTOS BASICOS EN 1952
(miles de quintales)

	Frijoles	*Maíz*	*Papa*	*Arroz*
Total				
Producto Nacional	483.4	4.169.6	41.0	247.3
1. Microfincas	9.5	123.7	0.9	2.5
2. Minifundios	268.5	2.335.3	19.2	138.3
3. Familiares	143.6	1.269.5	15.0	81.5
4. TOTAL (1+2+3)	421.7	3.728.5	35.1	222.3
% de la producción total	(87.2)	(89.4)	(85.5)	(89.9)

Censo Agropecuario de 1952.

superficie total de 164.346 manzanas cultivaban entre 0 y 25 manzanas cada una. De estos 156 latifundios, solo 43 tenían un coeficiente de agostadero (relación cabeza de ganado por manzana con pastos) mayor a 1; 101 fincas tenían un coeficiente menor a 1 y 12 fincas no tenían una sola cabeza de ganado.

Si reducimos nuestra atención a las 111 fincas que cultivan hasta un máximo de 10 manzanas se encuentra que: 45 fincas con una extensión total de 50.243 manzanas no tenían ningún tipo de cultivo; 33 latifundios con una extensión total de 38.166 mz. cultivaban hasta 5 mz. y otros 33 latifundios cultivan entre 5.1 y 10 manzanas.

De estas 111 grandes fincas con una extensión total de 123.500 manzanas: 9 grandes latifundios con una superficie de 8.978 mz. de las cuales 8.213 estaban cubiertas de pastos, no tenían una sola cabeza de ganado y otras 3 fincas con una superficie de 4.762 mz., no tenían ni una manzana bajo cultivo ni una cabeza de ganado.

CUADRO No. 10

MULTIFAMILIARES GRANDES Y TIERRA CULTIVADA (1965)

	Latifundios		*Latifundios con Cultivos entre 0 y 25 manzanas*	
Departamento	*No.*	*superficie (en mnz.)*	*No.*	*superficie*
Atlántida	5	3.607	5	3.607
Cortés	67	65.081	45	44.606
Choluteca	70	109.488	38	54.512
El Paraíso	54	86.411	28	27.561
Olancho	39	38.610	23	20.184
Yoro	32	27.269	17	13.876
TOTAL	287	330.468	156	164.346

FUENTE: Censo Agropecuario de 1956 (datos no publicados)

Podemos apuntar ya algunas conclusiones que se han ido derivando a lo largo del trabajo. Primero, la agricultura hondureña subutiliza en alto grado el recurso de la tierra debido principalmente, a la baja proporción de tierra que las grandes propiedades latifundistas dedican a los cultivos. Segundo, la subutilización de la tierra conlleva por lo general, el subempleo y desempleo de otros recursos como es la mano de obra. En esta perspectiva, el funcionamiento de las grandes propiedades no se traduce en una productividad mayor a la de las propiedades más pequeñas así como tampoco resulta adecuada dentro de una economía subdesarrollada como la de Honduras. Tercero, el funcionamiento inadecuado o más bien, irracional del latifundio tiende a generar una serie de desequilibrios económicos y sociales en el conjunto de la sociedad nacional. Tal el caso de la creciente pobreza campesina o del creciente déficit alimenticio que ha significado a lo largo de la última década una pesada carga a la ya deteriorada balanza comercial del país.

Latifundismo y usos extensivos

La discusión anterior nos ha mostrado el carácter concentrado e improductivo del latifundismo. En este sentido, la estructura latifundista resulta irracional en una economía subdesarrollada en tanto impide el acceso de la mayor parte de la población campesina a parcelas de tamaño adecuado, obstaculiza el incremento de la producción agropecuaria, la elevación de la productividad, la innovación tecnológica y en general, la dinamización del sector rural.

Otro problema y de gran importancia de la subutilización de la tierra se relaciona con el empleo de la mano de obra. La concentración de la mayor parte de la población en el campo (el 75% de la población total del país en 1966), la baja demanda de mano de obra en los latifundios improductivos y la mecanización en las plantaciones y haciendas modernas han ido conformando lo que se ha dado en llamar el desempleo estructural.

El caso de las dos empresas bananeras es típico del proceso de mecanización. Luego de la huelga de 1954, estas empresas (la Standard y la Tela) intensificaron la mecanización de muchas de sus operaciones lo cual elevó los rendimientos por hectárea al mismo tiempo que expulsó a parte de la mano de obra empleada: de 35 mil trabajadores que empleaban las dos empresas citadas en 1953 el nivel de empleo disminuyó a 27.800 en 1955 y a 16 mil en 1959. [20]

---

[20] Marco V. Carías, "La Juventud en la Construcción de una Nueva Honduras" en Lecturas para Sociología preparado por el Departamento de Ciencias Sociales de la Universidad Nacional Autónoma de Honduras, Tegucigalpa, 1972.

Es en estas condiciones como los minifundios han tenido que "cargar" con los excedentes de mano de obra dentro de sus reducidos límites espaciales. En 1952 (anexo 6 y 7) las microfincas y minifundios pese a disponer del 16.1% de la superficie total, absorbían al 60.9% de los trabajadores agrícolas; las fincas familiares tenían el 26.9% de la tierra y empleaban al 26% de los trabajadores en tanto los latifundios con el 57.6% de la tierra solo absorbían al 13.1% de la mano de obra rural. Estas diferencias determinaron que el trabajador de las grandes propiedades tuviera en promedio, 21 veces más tierra que los trabajadores de las microfincas y minifundios.

En este sentido, la tierra viene a ser un recurso escaso, pero solo entre los pequeños propietarios. Usando los cálculos empleados por Feder, y suponiendo que la relación entre tierra y trabajador fuera igual en las grandes propiedades y en los minifundios y que ambos tipos de propiedades tuvieran similares niveles de tecnología, administración y calidad de la tierra, los grandes latifundios en Honduras hubieran absorbido 22.6 veces más trabajadores de lo que tenían en 1952.

Estas diferencias entre superficie promedio y número de trabajadores por minifundio determina que la baja productividad por hombre —a diferencia de la productividad por hectárea— e ingresos ínfimos, subalimentación, escasez de vestuarios y viviendas inadecuadas, persistencia del analfabetismo y enfermedades endémicas sean secuelas fácilmente observables en el campo.

La contradicción (concentración improductiva y miseria campesina) se constituye así, en el elemento clave para la formulación de una política anti-subdesarrollo.

Planteamos en las páginas anteriores, una relación inversa entre tamaño de finca y uso intensivo de la tierra. Esta relación explica en gran medida, la subutilización de la tierra en el agro y en particular, en la gran propiedad latifundista. El anexo 1 muestra que, en 1952, los latifundios tenían un promedio de 40 por ciento de sus tierras con pastos en tanto los minifundios solo tenían el 13 por ciento.

En cifras absolutas, según el cuadro 11, los minifundios tenían 6 veces menos pastizales que las multifamiliares medianas y 5 veces menos que las multifamiliares grandes, pero un tercio más de ganado que las multifamiliares medianas y 3 veces más que las multifamiliares grandes. Las diferencias entre pastizales y cabezas de ganado determinan así, que el coeficiente de agostadero (relación de cabezas por hectárea), de los minifundios sea 10 veces mayor al de las multifamiliares medianas y 17 veces al de las multifamiliares grandes. De este modo, el aprovechamiento intensivo en la ganadería al igual que en la agricultura, se relaciona inversamente con el tamaño de las fincas.

CUADRO No. 11

GANADERIA SEGUN TAMAÑO DE LAS FINCAS (1952)

Tamaño	*Nº Fincas*	*%*	*Superficie*	*%*	*Existencia ganado*	*%*
Microfincas	3.706	(4.7)	273	(0.1)	22.261	(2.0)
Minifundios	46.256	(58.6)	41.531	(5.8)	336.595	(29.3)
Familiares	26.722	(33.8)	156.799	(22.2)	489.565	(42.7)
Multifamiliares:						
Medianas	2.105	(2.7)	269.172	(38.0)	214.045	(18.6)
Grandes	163	(0.2)	238.168	(33.9)	84.335	(7.3)
TOTAL	78.952	(100.0)	705.943	(100.0)	1.146.801	(99.9)

FUENTE: Censo Agropecuario de 1952.

La comparación de los censos de 1952 y 1965, sugieren una modificación en la estructura de la ganadería del país. En el período intercensal según se desprende del cuadro 12, la ganadería creció en casi 20 por ciento; los minifundios, sin embargo, disminuyeron el número de cabezas de ganado bajo su control en algo más del 30 por ciento en tanto los latifundios aumentaron el número de cabezas en casi 70 por ciento. Esta modificación de la estructura ganadera del país se debe en parte a dos factores:

a) La disminución del tamaño promedio de las fincas más pequeñas obligó a éstas a dedicar mayor importancia al cultivo de sus tierras; y,

b) Muchos latifundios aprovechando la creciente demanda externa de carnes, —sobre todo del mercado norteamericano— empezaron a dedicarse a la cría de ganado.

La coyuntura externa no se tradujo sin embargo en la conversión de los viejos latifundios en modernas fincas ganaderas. Aunque el censo de 1965 no permite observar el aprovechamiento de los pastizales en los latifundios, los datos recogidos sobre 168 grandes latifundios en los tres principales departamentos ganaderos del país sugieren que en 1965, el nivel de aprovechamiento de los pastos se mantenía a niveles similares a los de 1952.

Esto explica por un lado, que el coeficiente de agostadero de las grandes haciendas (cuadro 13) de los tres principales departamentos ganaderos del país fuera en 1965 similar al de 1952 (coeficiente igual a 0.5) así como el cuidado inapropiado de los pastos y la existencia

CUADRO No. 12

CRECIMIENTO DE LA GANADERIA (1952-65)

Año	*Existencia de ganado*	*Minifundios*	*Latifundios*
1952	1.146.801	336.595	431.076
1960	1.223.335	——	——
1965	1.315.625	219.415	719.290

FUENTE: Censos Agropecuarios de 1952 y 1965.

de pocos pastizales sembrados de especies forrajeras de alto rendimiento[21] y por otro, que gran parte de los grandes latifundios aun persistieran dentro de situaciones caracterizadas por un uso extensivo de los pastos.

[21] FAO, CEPAL, CIDA, op. cit., p. 47.

CUADRO No. 13

LATIFUNDIOS DE 500 MANZANAS O MAS Y GANADERIA (1965)

Depto.	*Nº Fincas*	*Pastizales*	*Nº Cabezas*	*Coeficiente de agostadero*
Cortés	63	50.551 mz.	38.153	0.7
Choluteca	70	76.497 mz.	46.810	0.6
Olancho	35	24.699 mz.	13.784	0.5

FUENTE: Censo Agropecuario de 1965. (Datos no publicados)

Los datos de los 111 grandes latifundios que cultivaban entre 0 y 10 manzanas cada uno, indican coeficientes similares a los señalados en el cuadro anterior.

Las 111 fincas tenían en 1965, un coeficiente de agostadero promedio de 0.6 el cual variaba de 0.3 (en Atlántida y El Paraíso) hasta 0.8 (en Cortés). Sólo 38 de ellas tenían un coeficiente mayor a 1.0 en tanto los 73 restantes tenían un promedio de casi media cabeza de ganado por manzana.

El coeficiente en las 73 fincas aludidas en el cuadro anterior se reduce considerablemente en un grupo de 21 fincas con un promedio de más de cuatro manzanas de pastos por cabeza de ganado.

Un grupo de 16 fincas en tres departamentos (Choluteca, El Paraíso y Yoro), con una extensión total de 17.236 manzanas no tenían una sola cabeza de ganado a pesar de tener casi el 70% de sus tierras con pastizales (11.630 mz.) y menos del 10% estaban cubiertas con cualquier tipo de cultivos (1.662 mz.).

CUADRO Nº 14

LATIFUNDIOS QUE CULTIVAN HASTA 10 MANZANAS Y GANADERIA (1965)

	Número fincas	*Superficie con pastos (en mzs.)*	*Número de cabezas*	*Coeficiente de agostadero*
	38	29.672	41.790	1.4
	73	69.205	22.252	0.3
TOTAL	111	98.737	64.042	0.6

FUENTE: Censo Agropecuario de 1965 (datos no publicados)

El caso del departamento de Atlántida resulta también, muy ilustrativo. Las cinco fincas de 500 manzanas o más no controladas por las empresas bananeras, con una superficie de 3.607 mz., tienen 2.400 mz. (el 61.8% de sus tierras) cubiertas de pastos destinados a 1.044 cabezas de ganado (coeficiente de agostadero de 0.4). Dos de estas cinco fincas con una extensión de 1.242 mz, no cultivan una sola manzana mientras 1.142 (más del 90% de las tierras), están cubiertas de pastos dedicadas a 365 cabezas (coeficiente de 0.3). En Cortés, una finca de 5.332 mz., tiene apenas 7 mz. bajo cultivo y 4.325 mz. con pastos para 1.270 cabezas (coeficiente de 0.3).

En Choluteca una finca de 4.050 mz. que solo cultiva 5 mz., tiene 900 mz. de tierra en descanso y 3.000 de pastizales dedicadas a 324 cabezas (coeficiente de 0.1). Una segunda finca en este mismo departamento con una extensión de 850 mz., cultivaba solo 5 mientras 600 estaban cubiertas de pastos sin ninguna cabeza de ganado; una tercera finca cuyas 786 manzanas estaban cubiertas de pastos tampoco tenía una sola cabeza de ganado. En El Paraíso, una finca de 9.850 manzanas tiene 596 cabezas en un área de 9.351 mz. de pastos.

Resumiendo, la ganadería solo viene a repetir lo ya señalado para la agricultura. La agricultura de las grandes propiedades se constituye así en un efectivo obstáculo al proceso de desarrollo. En este sentido, la función social que cumple el latifundio viene a ser propiamente, una "disfunción" en el conjunto de la sociedad rural y de la sociedad global.

Sin embargo, pese a esa "disfunción", el latifundio ha existido paradójicamente sobre bases muy firmes y acompañado de una serie bastante grande de defensores.

4. A MANERA DE CONCLUSIÓN

Los datos disponibles nos han corroborado lo dicho para otras regiones: la base del problema de la tierra y de la pobreza rural en Honduras no es sino el sistema prevaleciente de propiedad de la tierra y la forma como se ha venido empleando este recurso en las grandes propiedades. El escaso aprovechamiento de la tierra como se ha visto se manifiesta no sólo en la agricultura sino también en la ganadería.

El uso dado a la tierra en las grandes propiedades no solo significa una baja intensidad en la explotación de la tierra, sino que tiene como resultado, una productividad promedio mucho menor que las demás fincas o unidades productivas (17). La productividad se relaciona inversamente con el tamaño de la propiedad. Esto pone más en claro, la deficiencia e irracionalidad de la gran propiedad dentro de la agricultura a la vez que revela la capacidad y predisposición de los pequeños propietarios a usar de manera más eficiente, sus tierras (18).

Pese a la existencia de recursos humanos bastante experimentados y productivos como son los pequeños propietarios y los campesinos sin tierra así como dada la enorme disponibilidad de tierra a ser repartida entre éstos de llevarse efectivamente un proceso de reforma agraria integral (la tierra como vimos no es un recurso escaso pero sí mal empleado), las posibilidades de desarrollo agropecuario y la implantación de un sistema social igualitario en el campo, son reducidas; a no menos que la "variable" poco oída hasta ahora —las movilizaciones campesinas— ponga en serio peligro la estabilidad latifundista y del sistema entero, las perspectivas para el sector rural no parecen muy halagadoras.

Esto nos conduce necesariamente a tratar las razones de esa contradicción: tierra abundante y concentrada al lado de miseria campesina. Pero en la medida que el sistema de poder esté controlado o directamente influido por los sectores tradicionales de la sociedad, es decir, los grupos oligárquicos, las posibilidades de cambio en la sociedad rural estarán seriamente limitadas.

El funcionamiento del latifundismo no ha sido hasta ahora, más que el funcionamiento de un sistema irracional en el cuadro de una economía subdesarrollada. Su sobrevivencia en tanto institución social expresa así, la perduración —o tal vez acomodo a las nuevas condiciones sociales— de un sistema sociopolítico marcado aún por los vicios tradicionales. Como un sociólogo francés (19), ha apuntado refiriéndose a la oligarquía peruana, nos vemos tentados a decir que el valor más apreciado por la élite terrateniente es el poder más que la eficiencia productiva. Pero una cosa diferencia a la oligarquía peruana —en proceso de desaparición actualmente— de la hondureña: aquella extraía la mayor parte de sus ingresos de la tierra. Aquella era efectivamente una oligarquía algodonera y azucarera. ¿Sin embargo, puede señalarse la base económica de la oligarquía terrateniente hondureña? es ella una oligarquía cafetalera o bananera? Los datos apuntados en páginas atrás no permiten decirlo. ¿Es una oligarquía algodonera? Esto sería apropiado para el caso de Choluteca. ¿Es una oligarquía ganadera? ¿O no será más apropiado hablar de una oligarquía política que luego se convirtió en terrateniente y que tiene la tierra más que como empresa productiva como instrumento o símbolo de prestigio social? Dejamos planteado el problema para futuros estudios. Lo que constatamos pues, es que pese a la débil productividad y a la mediocre organización de la propiedad latifundiaria, ésta sin embargo se mantiene aún estable.

Si aceptamos este supuesto como cierto, la irracionalidad del latifundio vendría a ser entonces, un mero reflejo de la irracionalidad con que se ha conducido un proceso de desarrollo dirigido y controlado por una élite identificada con tales intereses.

ANEXOS

—ANEXO 1—

USO DE LA TIERRA SEGUN TAMAÑO DE FINCAS (1952)

	Micro-fincas	*Mini-fundios*	*Fincas Fam.*	*Multifamiliares: Medianas*	*Grandes*
Cultivos Anuales	69.9%	41.4%	13.9%	3.8%	0.6%
Cultivos Permanentes	16.9	14.8	8.0	4.5	4.0
Tierras en descanso	4.0	17.4	23.0	16.2	11.8
Pastos	4.9	13.1	28.8	42.9	37.7
Bosques	0.8	6.8	14.9	22.3	33.9
Montes	0.9	4.8	8.8	7.6	9.2
Otros	2.5	1.7	2.5	2.6	2.7
TOTAL	99.9	100.0	99.9	99.9	99.9
(hrs.)	9.991	393.795	676.495	717.784	709.339

Censo Agropecuario de 1952.

—ANEXO· 2—

USOS DE LA TIERRA COMO MULTIPLO DE LOS MINIFUNDIOS (1952-1965)

	Tierra	*Cultivada*	*Otros*	*Usos*	*Total*	*Tierras*
Tamaño	1952	1965	1952	1965	1952	1965
Minifundios	1.0	1.0	1.0	1.0	1.0	1.0
Familiares	0.6	0.9	3.2	4.9	1.7	2.2
Multi-familiares:						
Medianas	0.2	0.5	3.8	7.0	1.8	2.6
Grandes	0.1	0.2	3.9	6.3	1.8	2.2

Censos Agropecuarios de 1952 y 1965.

—ANEXO 3—

TIERRA CULTIVADA COMO MULTIPLO DE LOS MINIFUNDIOS (1952-1965)

Tamaño	*Cultivos Anuales* 1952	1965	*Cultivos Permanentes* 1952	1965
Minifundios	1.0	1.0	1.0	1.0
Familiares	0.5	0.8	0.9	1.4
Multifamiliares:				
Medianas	0.2	0.3	0.5	0.9
Grandes	0.02	0.1	0.5	0.6

Censos Agropecuarios de 1952 y 1965.

—ANEXO 4—

PRODUCTIVIDAD POR HECTAREA EN 1952 (quintales)

Productos	*Minifundios*	*Latifundios de más de:* 100 *hrs.*	500 *hrs.*
Algodón	32.5	18.5	18.6
Arroz	23.1	17.7	13.9
Café	4.4	4.9	3.2
Frijol	9.8	10.2	11.7
Maíz	16.2	18.1	19.9
Tabaco	9.7	12.1	12.9
Trigo	12.7	12.6	14.2

Censo Agropecuario de 1952.

—ANEXO 5—

SUPERFICIE PROMEDIO DE TIERRA CULTIVADA POR PRODUCTOR (1965)

Tamaño	*Manzanas por productor* Cultivos anuales	*Cultivos Permanentes*	*Total tierra Cultivada*
Minifundios	1.85	0.56	2.41
Familiares	3.59	2.04	5.63
Multifamiliares:			
Medianas	7.35	6.32	13.67
Grandes	33.70	62.95	96.65

Censo Agropecuario de 1965.

—ANEXO 6—

TRABAJADORES AGRICOLAS SEGUN TAMAÑO DE FINCAS (1952)

Tamaño	*Trabajadores* Asalariados	*Familiares*	*Total Trabajadores*	
Microfincas	1.232	29.828	31.060	(5.9%)
Minifundios	32.790	254.074	286.864	(55.0%)
Familiares	34.175	101.464	135.639	(26.0%)
Multifamiliares				
Medianas	24.064	19.943	44.007	(8.4%)
Grandes	23.544	827	24.371	(4.7%)
T O T A L	115.805	406.136	521.941	(100.0)

Censor Agropecuario de 1952.

—ANEXO 7—

TIERRA Y MANO DE OBRA SEGUN TAMAÑO DE FINCAS (1952)

TAMAÑO	Superficie total (miles) mz.	Tierra cultivada (miles) mz.	Total mano de obra (miles) mz.	Promedio en manzana: Superficie por trabajador	Tierra cultivada por trabajador
Microfinca	14.3	8.6	31.0	0.46	0.28
Minifundio	563.1	221.2	286.9	1.96	0.77
Familiares	967.4	148.8	135.6	7.13	1.10
Multifamiliares:					
Medianas	1.026.4	59.8	44.0	23.32	1.36
Grandes	1.014.2	32.6	24.4	41.61	1.34
TOTAL	3.585.4	471.0	521.9		

Censo Agropecuario de 1952.